KB063548

13억 인을 위한

중국의 꿈

누구의 꿈인가?

13억 인을 위한

중국의 꿈

누구의 꿈인가?

초판 1쇄   인쇄 2017년 6월 26일
초판 1쇄   발행 2017년 6월 30일
지 은 이   런샤오스(任晓駟)
옮 긴 이   김승일
발 행 인   김승일
디 자 인   조경미
펴 낸 곳   경지출판사
출판등록   제2015-000026호

판매 및 공급처   도서출판 징검다리
주소 경기도 파주시 산남로 85-8
Tel : 031-957-3890~1 Fax : 031-957-3889 e-mail : zinggumdari@hanmail.net

ISBN 979-11-86819-58-6 93310

13억 인을 위한

중국의 꿈

누구의 꿈인가?

런샤오스(任曉駟) 지음 ㅣ 김승일 옮김

NEW WORLD PRESS

Korea Wisdom China
경지출판사

经典中国国际出版工程
China Classics International

13억 인을 위한 중국의 꿈

국무원신문판공실주임

차이밍자오(蔡名照)

2012년 11월 15일 오전 수백 명의 국내외 기자들은 일찌감치 북경 인민대회당 동쪽 홀에서 대기 중에 있었다. 조금 후인 11시 53분 막 당의 18기 1중 전회에서 차기 중공중앙총서기로 당선된 시진핑 동지와 기타 중앙정치국 상무위원들이 열렬한 박수를 받으며 동쪽 홀로부터 걸어 들어와 국내외 기자들과 마주하였다. 나는 운 좋게도 당의 18대 대변인으로써 이번 회견의 진행을 맡게 되어 현장 가까운 곳에서 시진핑 총서기의 국내외 기자들에 대한 연설을 들을 수 있었다. 그의 연설 중에서 내가 잊지 못할 것은 "인민의 행복한 생활을 추구하는 것이 바로 우리가 분투하려는 목표이다"를 두드러지게 강조한 대목이었다.

그는 "우리인민은 아름다운 생활을 추구하고 있다. 즉 더욱 좋은 교육, 더욱 안정된 직업, 더욱 만족스러운 수입, 더욱 믿을 수 있는 사회보장, 더욱 높은 수준의 의료위생서비스, 더욱 편한 거주조건, 더욱 아름다운 환경을 추구하며, 아이들이 더욱 잘 자라고, 일을 더욱

열심히 하고, 더욱 잘 살기를 바라는 것이다"라고 말했던 것이다.

2주 후인 11월 29일 오전 시진핑 총서기는 "부흥의 길"이라는 주제의 전시회를 참관하면서 중화민족의 위대한 부흥, 즉 "중국의 꿈"을 실현시키자고 제기하였다. 제12기 전국인민대표대회 1차 대회에서 국가주석으로 당선된 시진핑 동지는 체계적으로 "중국의 꿈"이라는 중요한 사상을 자세하게 밝혔다. 현재 중국뿐만 아니라 세계적으로 모두 "중국의 꿈"에 대해 관심을 가지고 있으며, 모두가 중국의 발전을 주시하고 있고, "중국의 꿈"을 통해 각자 나름대로의 이익을 창출할 수 있기를 바라고 있다.

1840년 아편전쟁 이후 중국은 점차 반식민지 반봉건 사회로 전락하는 굴욕적인 역사를 시작하였다. 동시에 그때부터 중국인들은 민족부흥의 꿈을 추구하는 역사를 시작하기도 했던 것이다. 근대의 역사를 돌이켜본다면, 우리는 손중산 선생이 "진흥 중화"라는 구호를 제창하면서 이를 실현하기 위해 끊임없이 노력하였던 사실을 잘 알고 있다. 하지만 궁극적으로 민족부흥의 출구를 찾지는 못하였다.

80여 년 전인 1932년에 상무인서관이 출간한 『동방잡지』는 '꿈' 문제에 관한 토론을 발기한 적이 있었다.

편집장 후위즈(胡愈之) 선생은 전국 각 계층의 유명 인사들에게 400여 통의 편지를 보내어 두 가지 문제를 제의하였다. 하나는 "선생님이 꿈꾸는 미래의 중국은 어떤 것입니까?", 다른 하나는 "선생님의 개인 생활을 하는 가운데서 어떤 꿈을 가지고 있습니까?"였다. 이 활동은 매우 뜨거운 반응을 얻었다. 류야즈(柳亚子) 쉬페이훙(徐悲鸿), 정전둬(郑振铎), 바진(巴金), 라오서(老舍) 등 142명의 유명 인사들이 답신을 보내왔다. 후위즈 선생의 동료 진종화(金仲华)는 "그때의 중국은 비록 이미 역사 중의 혼란기를 지나왔지만 새로운 길을 내딛고 있었다. 그때 중국의 상황을 형용하려면 '부富', '강(强)' 이런 표면적인 현상만을 대표하는 글자를 사용해서는 안 된다. 그때의 사람들은 생활의 문제를 걱정할 필요가 없었고, 기근과 사망이 더 이상 대부분의 중국인을 뒤쫓지

않고 있었다"라고 답변하였다. 작가 스즈춘(施蟄存)은 내가 꿈꾸는 미래의 중국은 "태평스럽고 풍족하며 강성한 나라"라고 썼다. 시인 류야즈는 "내가 꿈꾸는 미래의 세계는 사회주의 대동세계이다"라고 표현하였다. 옌징(燕京)대학교수 정전저는 더욱 직설적으로 "우리의 위대한 사회주의국가를 건설하는 것이다"라고 선언하였다.

이번 토론은 당시 지식인들의 꿈에 대한 사고 및 사상적 경향을 잘 반영하였다. 물론 그중에는 민족부흥에 대한 갈망, 사회주의 대동세계에 대한 동경과 사색은 아직 '꿈'의 단계에 머물러 있었다. 오직 중국공산당의 영도 하에 전 국민의 끊임없는 노력을 통하여 이런 선배들의 꿈이 점차 현실이 될 수 있다는 믿음만이 있을 뿐이었다.

시진핑 총서기가 제기한 "중국의 꿈"은 해외동포를 포함한 중국 인민의 공동의 목소리, 공동의 희망, 공동의 의지를 반영한 것이었고, 전국 각 민족의 가장 큰 공감대를 응집한 것이었으며, 중화의 아들딸들로 하여금 나라 발전과 민족 부흥의 열정을 크게 불러 일으키게 하였다. "중국의 꿈"을 실현시켜 중국인의 행복한 생활을 더욱 좋게 창조하려는 일은 책임이 막중한 일이고, 또한 갈 길이 멀어 우리가 어렵게 탐색해낸 이 길을 끝까지 가야만 성공할 수 있는 것이고, 이를 위해서는 강한 의지의 정신이 필요하며, 많은 사람들의 단결된 힘이 필요한 것이다. 우리는 또 인간세상의 모든 행복은 모두 부지런한 노동으로써만 창조될 수 있다는 점도 알아야만 하는 것이다. 최근 우리는 북경에서 좌담회를 열고 일반인들을 초청하여 "중국의 꿈"에 대한 이야기를 마음껏 하게 하였다.

장수성 창저우(常州)에서 온 인테리어 사업가 허(賀) 선생은 "시진핑 주석이 '중국의 꿈'을 제기하여 우리는 희망이 생겼고, 자신 있게 자신의 꿈을 설계할 수 있게 되었다. 이 꿈은 중국의 것이다. 또한 우리 개개인의 것이다"라고 말하였다. 농민공 타오(陶) 선생은 "시진핑 주석이 제기한 '중국의 꿈'은 기다릴 수 있고 만질 수도 있다. 우리는 자녀의 교육에 더욱 많은 기대를 갖게 되었고, 노후대비에 더욱 관심을 갖게 되었다. '중국의 꿈'은 우리와 매우 가깝다"라고 말했다.

중국정법(政法)대학의 어떤 연구생은 '중국의 꿈'을 제기한 것은 세계를 향하여 중국이 크게 성장하고 있음을 선언한 것이다.

우리는 더욱 열심히 공부할 것이며, 미래는 필연코 우리 젊은 세대의 것이 될 것이다" 라고 말하였다. 어떤 칭화대학의 학생은 '중국의 꿈'은 우리 행동이 맹목적으로 하는 것을 피하게 해주었으며, 우리가 왜, 무엇을 어떻게 해야 하는가에 대해서 명확한 방향을 정해주어 마음이 안정되게 되었다. 이는 시 주석이 이미 우리들에게 어떻게 노력해야 할 것인가를 알려줬기 때문이다" 라고 말하였다.

나는 이런 농민공과 대학생들과 마찬가지로 중국인들마다 모두 "중국의 꿈"에 대하여 각자의 이해와 기대가 있을 것이라고 믿는다.

2013년 6월 광동성 상황조사센터에서 진행한 조사에서 나타났듯이 절대다수의 응답자들은 "중국의 꿈"에 대하여 공감하고 낙관한다는 뜻을 나타냈고, "중국의 꿈"의 실현 가능성이 89.4%에 달한다고 인정하였으며, 사람들이 "중국의 꿈"에 대하여 자신감이 넘치는 것은 스스로 꿈으로 향하는 정확한 길을 찾았기 때문이라고 했다. 이 길은 바로 '중국 특색의 사회주의' 길인 것이다. 이 길은 중국 개혁개방 30여 년의 위대한 실천, 신 중국 60여 년의 지속된 탐색, 근대 중국 170여 년의 역사경험, 중화민족 5000여 년의 문명 계승을 포함하여, 깊은 역사적 뿌리와 광범위한 현실적 기초에 그 기반을 두고 있는 것이다. 이 길을 따라 개혁개방 35여 년 이래 중국의 경제 총량은 142배 성장했고, 도시주민수입은 71배 증가하였으며, 국민의 생활은 많이 개선되었고, 종합적인 국력은 끊임없이 성장하였다.

　현재 우리는 예전의 어떤 때보다도 더욱 꿈과 목표에 가까워져 있다. 이는 사람들로 하여금 우리가 흔들림 없이 중국특색의 사회주의 길을 걸어가고 시대와 함께 이 길을 개척해 나가면 "중국의 꿈"은 반드시 실현될 수 있으며, 중국의 미래는 필연코 더욱 아름다워질 것이라고 확신하게 하였다. 중국의 성공적인 발전은 세계의 박수를 받았지만, 또 일부 사람들의 걱정과 우려도 낳았다. 우리는 세계를 향해 중국은 군사 실력에 의지하여 약탈을 한 역사도 없고, 자신의 실력을 과시하기 위해 전력을 구축한 선례도 없으며, 더구나 현재에는

더욱 발생할 수 없음을 알려주어야 한다. 우리는 세계가 중국인 한 사람 한 사람의 꿈을 찾아가는 이야기를 알게 해야 하며, 그들에게 "중국의 꿈"은 중국인의 꿈일 뿐만 아니라, 또한 세계 모든 사람에게 필요한 것이며, "중국의 꿈"은 중국인이 문을 닫고 자신의 꿈만 꾸는 것이 아니라 개방의 꿈이며, 세계와 함께 공영하는 꿈임을 알려줘야 한다.

세계정세는 파란만장하고 변화무쌍하다. 나라들마다 각자의 꿈을 실현하는 과정에서 모두 독특하고 평범하지 않은 길을 걸어왔다.

중국은 지금 중요한 사회적 전환기에 처해 있다. "백 리를 가려 하는 사람은 구십 리를 그 반으로 잡는다"는 말처럼 비록 우리는 자신의 꿈과 목표에 더욱 가까워지고 있지만 직면하고 있는 각종 문제는 더욱 복잡해지고 있다. 우리는 "중국의 꿈"이 기필코 중국인을 고무시켜 고난을 무릅쓰고 나아가 각종 도전에 적절하게 잘 대처하여 중국을 더욱 발전하게 하고 "중국의 꿈"이 중국을 더욱 행복하게 하여 전세계에 혜택이 미치게 할 것이라고 믿어마지 않는다.

베이징에서

꿈은 어디서 오는가?

중화민족은 역경을 겪었지만 자강불식(스스로 힘써 몸과 마음을 가다듬고 쉬지 않음)하며 한번도 아름다운 꿈에 대한 갈망과 추구를 포기한 적이 없었다. 중화민족의 위대한 부흥인 '중국의 꿈'을 실현하는 것은 근대 중화민족의 숙원이다.

- 시진핑

용치 출몰한 듯한 황허(黃河)의 위용, 중화민족의 대부흥을 실현하는 것은 대대로 이어온 중화 자녀들의 숙원이었다. 왕위예(王悅) 촬영.

역사 속에는 늘 잊을 수 없는 화면들이 있다. 시간도 관건적인 통로가 있기 마련이다. 2012년 말에서 2013년 초까지 "중국의 꿈"은 국내 매체들의 화제가 되었다. "중국의 꿈"이 일어나게 된 것은 시진핑 주석이 "부흥의 길"이라는 대형 전시회를 참관할 때부터 이야기해야 한다.

2012년 11월 29일 오전 시진핑이 국가박물관에 와서 "부흥의 길"이라는 대형 전시회를 참관할 때, 처음으로 "중화민족의 위대한 부흥이라는 위대한 꿈을 실현해야 한다"고 제기하였다. 2013년 3월 국가주석으로 당선된 시진핑은 제12기 전국인민대표대회 제1차 회의가 폐막할 때 "중국의 꿈"에 대하여 체계적으로 자세히 설명하였다. 그는 중화민족의 위대한 부흥인 "중국의 꿈"을 실현하는 것은 바로 "국가 부강, 민족 부흥, 국민 행복을 실현하는 것"이라고 강조하였다. "국가가 발전해야 여러분도 좋다." 그는 "중국의 꿈"은 결국 국민의 꿈이라고 강조하였다. 우리가 실현하려는 "중국의 꿈"은 바로 국민이 더욱 좋은 교육, 더욱 안정된 직업, 더욱 만족스러운 수입, 더욱 믿을 수 있는 사회보장, 더욱 높은 수준의 의료위생서비스, 더욱 편한 거주조건, 더욱 아름다운 환경을 바라고 아이들이 더욱 잘 자라고 일을 더욱 열심히 하고 잘 사는 것이다.

　그는 우리의 위대한 조국과 위대한 시대에 살고 있는 중국인민은 인생에서 뛰어난 기회를 함께 누리고 꿈이 이루어지는 기회를 함께 누리며, 조국과 시대와 더불어 함께 성장하고 진보하는 기회를 누릴 수 있다고 강조하였다. 그는 또 "중국의 꿈"은 평화, 발전, 합작, 공영의 꿈이며, 세계 각 나라 인민의 아름다운 꿈과 상통하며

유채꽃 향기로 뒤 덮여 있는 수많은 섬들 - 장수(江蘇).

　"중국의 꿈을 실현하려면 반드시 중국의 길을 걸어야 한다." "중국의 꿈을 실현하려면 반드시 중국정신을 선양해야 한다." "중국의 꿈을 실현하려면 반드시 중국의 힘을 응집해야 한다." "중국인민은 평화를 사랑한다. 우리는 평화, 발전, 합작, 공영의 기치를 높이 들고 끝까지 평화와 발전의 길을 걸어 갈 것이며, 시종일관 서로 윈-윈하는 전략을 고수하고, 세계 각 나라 발전과 우호적인 합작에 노력하며, 마땅히 해야 할 국제적 책임과 의무를 이행하고, 각 나라 인민이 함께 인류평화와 발전의 숭고한 사업을 추진할 것이다." 이처럼 시진핑 주석은 처음으로 중국의 길, 중국정신과 중국의 힘이라는 3가지 요소를 유기적으로 통일시켜 뚜렷하고 명확하게 "중국의 꿈" 내용과 실현의 경로를 표현하였으며, 또한 중국공산당은 중국인민을 이끌고 중화민족의 꿈인 '중국의 꿈'을 실현하는 기본 집정규율이 될것이라고 하였다. 2013년 3월과 6월 시진핑 주석은 잇따라 러시아 및 아프리카 3개국, 라틴아메리카 3개국 및 미국을 방문하여 계속 "중국의 꿈"을 자세히 설명하였다. 특히 미국 방문기간에는 오바마 대통령에게 "중국은 중화민족의 위대한 부흥인 '중국의 꿈'을 실현하기 위하여 노력할 것이며 인류평화와 발전을 숭고한 사업으로 여기고 노력할 것이다. 중국의 꿈은 국가부강, 민족부흥, 국민행복을 실현하는 것이며, 평화, 발전, 합작, 공영의 꿈으로써 미국을 포함한 세계 각 나라 인민의 행복한 꿈을 이룩하는 것과 상통된다"라고 명확히 알렸다. 2013년 말 시진핑 주석은 "중국의 꿈" 1주년을 즈음하여 "중국의 꿈"을 주제로 한 두 개의 국제포럼을 잇달아 개최한다고 제기하였다. 하나는 국무원 신문판공실에서 주최한 "중국의 꿈이 세계와 대화하다"이고, 또 하나는 인민일보사에서 주최한 동맹과 중일한(10+3) 매체합작연구토론회인 "중국의 꿈. 아시아의 꿈"이다. 포럼에 참석한 전문가, 학자들의 열띤 토론은 "중국의 꿈"의 실현에 이론적 근거를 제공하였을 뿐만 아니라, "중국의 꿈"의 실현에 대한 계책들을 내놓았다.

미국 브루킹스학회 고급연구원 리칸루는 "중국 근대사는 굴욕의 역사이다. '중국의 꿈'은 개인의 꿈을 실현하는 것 외에 더욱 중요한 것은 국가, 민족의 부흥을 실현하는 것이다. 이런 각도에서 볼 때 국가는 '중국의 꿈'을 실현하는 데 중요한 역할을 하고 있다"고 이야기하였다. 이민족이 많은 나라와 다르게 절대다수의 중국인은 대대로 이 땅에서 살고 있다. 같은 뿌리의 형제, 같은 문자의 민족은 "중국의 꿈"의 제기가 중국사회에서 고도로 일치하는 공감대를 형성케 하였다고 밝혔다.

미국 '리하르트 쿤 기금회' 주석 로버트 쿤은 "중국의 꿈"을 국가, 개인, 역사 등 5개 측면에서 분석하였다. 그는 개혁개방이래 역대 중국정부는 국민생활 향상에 노력하였으며 "그들이 실시한 정책에서 '중국의 꿈'의 흔적을 찾을 수 있다"고 제시하였다. 영국 런던경제학원

아시아연구중심 객좌연구원 마르틴 자크는 예전의 "견고한 배와 대포로 침략한 것"에 대해서 당시의 영국수상 캐머런이 "서방세계에서 중국의 제일 강한 지지자가 되길 원한다"는 표명까지 할 정도로 중국의 굴기는 영국을 놀라게 하였다고 했다.

하지만 일부 나라들은 아직 "중국이 필요하지만, 중국을 알지 못한다"는 수준에 머무르고 있다. "중국의 꿈"의 제기는 이런 나라들의 중국에 대한 오만과 무지를 변화시키는데 도움이 될 것이며, 중국의 평화발전의 길에 대한 이해를 높일 것이다.

태국 민족다매체그룹의 편집장인 타농강송은 취지연설을 할 때 "깊게 잠들었던 거대한 용이 깨어났다"고 예를 들었다. "중국이 힘을 나타내려고 한다. 아시아의 나라들도 마찬가지로 서방의 영향에서 해방되려면 더욱 독립해야 한다." 이런 차원에서 "중국의 꿈"과 아시아의 꿈은 공통적으로 갖고 있는 희망이라고 할 수 있다.

이집트 외교관계위원회 위원인 무함마드쟈라얼은 이집트의 현상황과 결합시켜 말하길 중국이 "중국의 꿈"을 실현하는 면에서 자신들보다 훨씬 많은 장점을 가지고 있다고 인정했다. 예를 들어 방대한 인구규모, 광활한 국토면적, 월등한 동원능력, 효과적인 도전 대응, 목표를 실현하는 정치체제, 유구한 역사적 문명의 소프트파워

등을 가지고 있다고 했다. 하지만 일부 약점도 제기했는데, 예를 들면, 횡령, 부패, 환경오염, 사회서비스 부족 등을 대표적으로 들었다. 중국의 장점은 개혁개방을 통하여 더욱 많이 발휘되고 약점도 개혁개방을 통하여 많이 극복되어야 할 것이다.

이처럼 "중국의 꿈"은 13억 중국인의 꿈이며, 국가부강의 꿈이며, 나아가 국민 모두가 부유하게 되는 꿈이다. 이 꿈은 여러 세대 중국인들의 숙원을 응집한 것이며, 현재 중화의 아들딸들이 동경하는 목표인것이다.

CONTENTS

CONTENTS

부흥의 꿈인가?
아니면 패권의 꿈인가?

부흥의 꿈인가?
아니면 패권의 꿈인가?

중국의 꿈을 실현하려면 반드시 평화적인 발전을 견지해야 한다. 우리는 시종일관 평화와 발전의 길을 걸을 것이며, 끝까지 서로 윈—윈하는 전략을 고수하고, 중국의 발전을 위하여 최선을 다할 뿐만 아니라, 세계에 대한 책임과 공헌을 강조하고, 중국인민을 행복하게 할뿐만 아니라, 세계인민도 행복하게 할 것이다.

-시진핑

사람마다 자신의 꿈을 가지고 있다. 그것은 그 사람의 성장과 진보와 함께 하고, 또 국가의 홍성을 지탱케 한다. 중화민족의 위대한 꿈은 바로 민족의 부흥을 실현하고 동시에 세계를 위해 공헌하는 것이다.

"중국의 꿈"은 무엇을 깨웠는가?

　사람은 생각하는 것이 있어야 꿈도 있다. 꿈은 추구이며 이상이다. 중화민족의 위대한 부흥 뒤에는 천년의 메아리가 있었고 백 년의 갈망이 있었다. 중화민족은 역사가 유구하다. 5000여 년간 끊임없는 역사과정에서 중화의 아들딸들은 찬란한 중화문명을 창조하였고, 인류사회의 진보와 발전에 뛰어난 공헌을 하였으며, 불후의 역사를 써왔다. 중화문명은 역사적으로 세계흐름과 시대의 선두를 이끌어간 적이 있었다. 중국고대의 제지술, 화약, 인쇄술, 나침반 등 4대 발명은 세계문명의 발전에 오랫동안 영향을 끼쳤다.

　명나라(1368-1644) 이전 세계에서 발명 창조한 중대한 과학기술은 대략 300건으로 그 중 중국이 발명한 것이 170여 건이나 되어 절반 이상을 차지하였다. 18세기 말까지 중국의 경제총생산량은 여전히 전 세계 1위에 있었으며, 인구는 세계의 1/3을 차지하였다. 인류역사에서 잇따라 많은 유형의 오래된 문명이 나타났으나 지금까지 그 문명이 지속되고 끊임없이 발전한 것은 중화문명뿐이다.

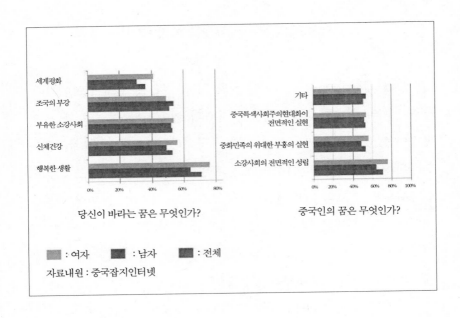

당신이 바라는 꿈은 무엇인가?　　　　중국인의 꿈은 무엇인가?

　■ : 여자　　■ : 남자　　■ : 전체
자료내원 : 중국잡지인터넷

　　근대에 들어서 봉건제도의 쇠락과 서방열강의 침략과 약탈로
인하여 중국은 점차 낙후한 지경에까지 빠지게 되었고, 반식민지
반봉건사회로 전락하게 되었으며, 중화민족은 갈수록 고난의 늪에
빠져갔다.

　　국가를 멸망의 위기에서 구하고 민족의 부흥을 위하여 수많은 뜻
있는 인사들이 함께 모색하였으나 뜻을 이루지는 못하였다.

　　손중산을 대표로 하는 자산계급 혁명파들은 "진흥 중화"의 구호를
외쳤다. 1911년 신해혁명은 청조(1644-1911)를 전복시키고 2000여
년 지속되어온 군주독제제도를 종결지었다. 하지만 중화민족의
굴욕적인 지위와 중국인민의 비참한 처지를 변화시키지는 못하였다.

손중산과 그의 동료들. 손중산을 대표로 하는 자산계급 혁명파들은 "진흥중화"의 구호를 제시했다. 그러나 중국의 운명을 철저히 개혁시키지는 못했다.

    청나라 말 민국초기의 중국정계에는 많은 정당이 나타났었지만 모두 중국의 독립과 발전문제를 해결하지는 못했다

  1921년 중국공산당 탄생 이후 중화민족의 독립, 해방과 부흥을 실현해야 하는 중임이 역사적으로 중국공산당의 어깨에 떨어졌다. 마치 당의 18대 보고에서 말한 바와 같이 당은 성립된 날부터 "중화민족의 위대한 부흥의 중임을 짊어졌던 것"이었다.

19세기 중엽부터 20세기 중엽까지의 백 년간 중국인민의 모든 분투노력은 조국의 독립과 민족의 해방을 실현하고, 굴욕적인 민족의 역사를 철저하게 종결시키기 위한 것이었다. 이러한 역사적 위업은 중화인민공화국의 건립을 통해 상징적으로 이미 완성된 것이었다.

　20세기 중엽부터 21세기 중엽까지 백 년 동안 중국인민의 모든 분투노력은 조국의 부강, 인민의 부유와 민족의 위대한 부흥을 위한 것이었다. 이런 역사적 위업은 중국공산당이 중국인민을 이끌어 반세기 넘게 노력하면서 거대한 발전을 얻어냈다. 1949년 신 중국 성립 이후 중국공산당은 창조적으로 신민주주의에서 사회주의의 과도기를 완성하여 중국 역사상 제일 위대하고 제일 중대한 변화를 실현하였으며, 사회주의 길에서 중화민족의 위대한 부흥을 실현하는 역사의 길을 걷기 시작하였다. 1978년 이래 중국공산당과 인민은 '중국 특색의 사회주의'의 정확한 길을 찾았고, 중화민족의 위대한 부흥은 찬란한 미래에 대한 기대를 갖게 하였다.

　국가가 강성하지 않으면 치욕을 당하게 되고, 민족이 흥하지 않으면 업신여김을 당한다. 낙후하면 몰매를 맞게 되고, 생존하려면 반드시 자강해야 한다. 중화민족의 위대한 부흥을 실현하는 것은 간단하게 옛날의 영광을 되찾고, 문화가 번창하던 시대로 되돌아가려는 것도 아니고, 남을 위협하여 세계를 제패하려는 것은 더더욱 아니며, 예전에 열강의 괴롭힘을 겪을 대로 겪었으나 지금은 지속적으로 발전하고 있는 우리는 21세기 중엽에 부강, 민주, 문명, 화해의 사회주의 현대화 국가로 거듭나기 위해서이다. "중국의 꿈"은 사람들에게 희망을 주었다. 러시아의『신보(晨報)』는 2013년 3월 13일 평론에서 "중국의 새로운 개혁목표는 바로 '중국의 꿈'을 실현하는 것이다. 이 꿈은 사회복지를 향상시키고 국가안전을 보장하고 경제발전을 유지하는데 그 목적이 있다. 모든 중국인은 이 꿈에서 이익을 얻을 것이다"라고 말했다. 중국이 사회주의의 길을 걸어가는 것은 인민의 선택이고 역사의 필연적인 선택이다. 사회주의제도는 억만인민의 새 생활을 건설하는 거대한 열정을 분발시켰고, 새 중국은 경제, 정치, 문화와 사회건설 방면에서 모두 빠르고 신속하게 중대한 성과를 얻었다.

춤추는 용. "중국의 꿈"은 중국인들이 나아갈 길을 밝혀 주었다. 궈젠서(郭建設) 촬영.

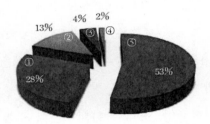

1949-1978년 : 일반 군중들의 전형적인 꿈

① : 국가를 위해 집단을 위해 공헌하는 것, 국가가 강대해지도록 분투하는 것

② : 가정의 행복과 안녕

③ : 자녀가 우수하게 자라 발전하는 것

④ : 가죽구두, 비단옷 등 원하는 물건을 갖는 것.

⑤ : 배불리 먹고 따뜻하게 입는 것

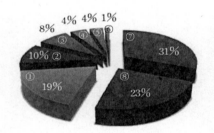

1978-1990년대 초 : 일반 군중들의 전형적인 꿈

① : 좋은 직장에 다니며 능히 승급하여 월급을 더 많이 받는 것

② : 자녀가 우수하게 자라 발전하는 것

③ : 가정의 행복과 안녕

④ : 손목시계, 자전거, 재봉틀을 소유하는 것

⑤ : 군인이 되거나 당원이 되는 것

⑥ : 국가의 강성과 4개 현대화

⑦ : 1만 위안 소득을 올리는 가정이 되는 것, 사회에 나가 장사하는 것

⑧ : 배불리 먹고, 따뜻하게 입는 것

비록 착오를 범하고 우여곡절을 겪었지만 중국공산당이 진정으로 인민을 위하고 국가를 위하여 민족의 복지를 위한 취지와 추구는 시종일관 변하지 않았다. 이는 중국인민들이 끊임없는 경험과 교훈으로 강국부민의 목표를 위하여 노력을 하는 촉진제가 되게 하였다. 개혁개방은 중국사회에 광범위하고 강렬하며 거대한 변화를 가져와 사회주의를 중국에서 진정으로 활약하고 흥하게 하였다. 30여 년 동안 중국경제 총생산과 종합적인 국력은 대폭적으로 비대해졌고, 인민의 생활은 먹고 사는 것이 부족한 데서 전체적으로 약진했음을 보여주었으며, 사회주의제도는 많은 폐단이 제거되고 완벽하게 발전하였으며 국가의 면모는 많은 변화가 일어났다.

오늘의 중국인민들은 새로워지고 나날이 발전하고 사회는 활력이 넘치고 국제적 지위는 향상되었으며, 세계에서 주목하고 감탄하고 부러워하고 있다. 중국인민은 지금 역사상 그 어떤 시기보다도 더욱 자신감이 넘치고 중화민족의 위대한 부흥이라는 목표를 실현하고자 하는 마음을 가지고 있다. "중국의 꿈"은 바로 중국인이 공통으로 지켜낸 국가부강, 민족부흥, 국민행복의 이상과 신념에 대한 호응이며, 국가의 강력한 발전 형태는 현실적인 모습에서 볼 수 있다. "중국의 꿈"은 사람들의 깊은 역사적 기억을 깨웠다. 이로 인해 시진핑 주석이 "중국의 꿈"을 밝히자 강렬한 공명을 불러일으키게 되었고, 억만 중국인의 마음을 움직였던 것이다.

장시(江西) 우위안(婺源)의 전원 풍경. 아름다운 중국을 건설하는 것은 "중국의 꿈"의 중요한 항목이다.

중국문제를 해결하는 열쇠는 무엇인가?

비록 중국은 이미 세계에서 두 번째가 되는 대 경제 체제이지만, 동서부 발전이 불균형하고, 빈부격차가 비교적 크며, 경제구조가 합리적이지 못하고, 경제사회발전과 취약한 생태환경이 서로 맞지 않는 상황이다. 이 모든 것은 "중국의 꿈"을 실현하는데 장애가 되고 있다. 동시에 중국은 여전히 장기적으로 사회주의 초기단계에 처해 있는 기본 국정은 변하지 않고 있고, 갈수록 성장하는 물질문화의 수요와 낙후한 사회생산 간의 모순이라는 사회의 주요 모순은 변하지 않고 있으며, 중국은 세계에서 제일 큰 개발도상국이라는 국제적 위치도 변하지 않고 있다.

이는 중국의 집권자들이 인민들을 이끌고 사회주의 초기단계라는 최대 국정과 최대 실제상황을 굳게 장악하고, 지나치게 과시하려 하지 않으며, 지나치게 자신을 비하하지도 않으면서 모든 것을 실제에서 출발하여 실질적인 정책을 내세우고, 실질적인 힘을 지원격려하며, 실질적인 일을 주야로 수행하면서 근면하게 일하며, 형식만 중요시하고 실제적인 효과, 실제적인 효율, 실제적인 속도, 실제적인 품질, 실제적인 원가를 따지지 않는 것을 철저히 막으며, 꿈을 실현할 것을 추구토록 하고 있다. 덩샤오핑은 하지 않으면 절반의 마르크스주의도 없다고 말했다.[1] 마찬가지로 하지 않으면 중화민족의 위대한 부흥도 꿈속에 머무를 수밖에 없는 것이다. 공론만 하면 나라를 망치고 착실하게 일하면 흥한다. 오직 행동제일, 실천제일이 "중국의 꿈"을 현실로 이루는데 견고한 기초가 되고 근본적인 보장을 제공하게 되는 것이다.

"중국의 꿈"의 실현은 단번에 성공할 수 있는 것이 아니며, 또한 순탄하게 이루어지는 것도 아니다. "중국의 꿈"은 개척과 창의로

---

1. 「在全國科學大會開幕式上的講話(1978年3月18日)」, 『鄧小平文選』 第2卷, 1994, 人民出版社, 90쪽.

지탱하는 꿈이다. 사회주의 초기단계의 배경 하에 중화민족의 위대한 부흥을 실현하고 개발도상국이라는 발판 하에서 현대화를 건설하며 13억이 넘는 인구의 나라에서 공동적인 부유를 실현하고, 서방이 주도하는 세계구도에서 대국의 평화와 발전을 실현하는 등 이 모든 것은 예전에 전혀 없었던 새로운 사물이고 새로운 탐구이며 새로운 실천이다. 이런 의미에서 볼 때 "중국의 꿈"도 인류사회에서 한 번도 없었던 새로운 꿈이다. 아르헨티나의 『호각신문』은 2013년 7월 14일자에서 "시진핑은 이미 중국 미래 10년의 전략목표를 '중국의 꿈'을 실현하는 것으로 확정하였다.

세계에서 예전에 이와 비슷한 표현을 한 나라는 오직 미국뿐이었다. 21세기의 세계는 오직 이끄는 것만 있을 뿐 통치지배는 없다. 이는 유동적인 체계이며 이런 체계는 오직 꿈을 통하여만 이끌어나갈 수 있다"고 말했다. 그런 점에서 "중국의 꿈"의 실현은 세계를 떠날 수 없고, "중국의 꿈"의 실현 또한 세계에 도움이 될 것이다. "중국의 꿈"의 실현은 전 세계경제의 지속적인 성장을 촉진시킬 뿐만 아니라 더욱 균형적인 발전, 조화로운 문명, 다채로운 인류낙원을 건설하는데 도움이 될 것이다. 마치 미중 도서설계사 사장 제임스·파커가 말한 것처럼 "중국의 꿈"은 다원화 세계의 새로운 가치이념의 대표인 것이다. "중화문명은 역사가 유구하여 '중국의 꿈'이 인류의 다양성에 대한 이해를 포용하게 하였다."

"중국의 꿈"이 전달하는 관념은 어떠한 국가의 형식도 전 인류의 유일한 발전형식이 될 수 없으며, 어떠한 나라도 자기의 힘만으로 전 인류의 성취감을 실현시킬 수는 없다. 중국의 발전은 "독락(獨樂, 혼자의 즐거움)"이 아니고 "더불어 함께하는 즐거움"이기에 중국의 집권자들과 국민들은 평범한 방법에 만족하지 않을 뿐만 아니라, 더더욱 낡은 방법을 답습하지 않으며 개척과 창의정신으로 새로운 방법을 구하고 새로운 길을 탐구하며 새로운 경험을 쌓고 새로운 조치를 취하며 창의적으로 새로운 길을 걸어가고 창의적으로 새로운 꿈을 실현하도록 요구하였다.

　"중국의 꿈"을 실현하는 길에서 또 무엇이 필요한가? 아직 어떤 장애물이 있는가? 국내외 전문 학자 및 매체에서는 여러 가지 이야기가 있다.

1. "중국의 꿈"을 실현하려면 많은 기초적 조건이 있어야 한다. 싱가포르의『연합조간신문』은 2013년 4월 29일자에서 "중국의 꿈"을 실현하는 데 기초적으로 해야 하는 업무는 우수한 교육체제와 과학기술발전 체제를 수립하고, 우수하고 견고한 문화기초를 만들며, 강력한 법률제도를 구축하고, 사회운영제도의 공정과 공평, 성실하고 거짓이 없는 것, 법을 지키고 탐욕을 거절하는 것과 재직하는 직원의 고도화된 직업정신을 수립해야 하며, 청렴하고 고효율적인 정부, 독재자를 방지할 수 있고 평범한 자가 정권을 장악하는 정치제도를 건립 하고, 충분한 억제력을 가지고 있어 강적들이 함부로 침범하지 못하게 하는 군사역량을 구축하는 것이다"라고 말했다.

2. GDP는 "중국의 꿈"의 최대 강적이다. GDP는 중국의 경제성장 잠재력을 충분히 발휘하는데 도움이 안 될 뿐만 아니라 오히려 단시간 내 이런 잠재력을 쏟아 부어 중국이 더욱 빠른 성장을 저해하게 만든다. 바꾸어 말하면 GDP는 표면상에서는 "중국의 꿈"을 추구하는 것 같지만 실제로는 "중국의 꿈"을 죽이는 것이다.[2]

3. 수입 불공정을 해결하는 것은 "중국의 꿈"을 실현하는 열쇠이다. 싱가포르의 『해협시보』 2013년 4월 24일자 평론에서는 "중국의 지난 30년간의 경제성장률이 9.9%에 달하여 많은 사람들을 빈곤에서 벗어나게 하였다. 하지만 GDP의 성장에는 끊임없이 커져가는 수입과 빈부의 차가 따라다녔다. 이는 민중이 굴기와 번영의 성과가 공평하게 나눠지지 않고 있음을 의미한다. 중국정부는 반드시 수입의 불공정한 문제를 직시해야 한다. 수입이 불공평한 것을 해결하는 문제는 명확하게 '중국의 꿈'을 실현하는 열쇠이다"라고 말했다.

4. 높은 주택가격은 "중국의 꿈"을 가로막는다. 2013년 5월 4일에 출간한 영국의 『경제학가(經濟學家)』에서는 '만약 보통 국민들의

---

2. 「GDP主義是"中國夢"的最大敵人」, 『(싱가포르)聯合早報』 2013年 4月 16日.

중국의 꿈이 무엇인가?' 라고 물으면 자기의 집을 가지는 것이라고 대부분 대답한다. 하지만 매년 오르는 주택가격은 많은 사람들로 하여금 이 꿈을 실현할 수 없게 하고 있다. 정부의 지원조치 부당 및 정책이 부족하여 투기를 억제하는 것은 국민들의 주택을 갖는 꿈을 종종 깨지게 한다"고 했다.

5. 스모그는 "중국의 꿈"을 숨 막히게 한다. 영국 『금융시보』 2013년 5월 6일자 보도에서는, 시진핑의 꿈은 마치 안으로는 부를 증가시키고 밖으로는 국력을 증강시키려고 하는 것 같지만, 사람을 숨 막히게 하는 스모그는 중국 지도자들이 국가의 목표를 새롭게 사고해야 할 필요가 있음을 알려준다. 만약 경제 쾌속 성장의 결과가 도시를 숨도 쉬지 못하게 한다면 경제성장은 "무슨 의미가 있겠는가?"하고 논평했다.

6. "중국의 꿈"을 실현하려면 더욱 유연하고 신중한 외교정책이 필요하다. 스페인 중국정책 관찰 사이트 2013년 6월 10일의 문장에서는 "국토면적이 넓고 인구가 많은 중국은 21세기의 강국이 되려고 결심하였다. 이는 아주 빨리 미국을 초월하여 세계에서 제일 큰 경제체가 될 것이다. '중국의 꿈'을 실현하려면 유연하고 신중한 외교가 필요하며 국가발전의 경제와 에너지의 수요가 필요하다"고 말했다.

감숙(甘肅)성 뒌황(燉煌)의 위예야천(月牙泉)이 근년에 들어 점점 축소되고 말라가는 위기에 면임하고 있다. 사막화해 가는 토지면적은 2,622㎢로 국토면적의 27.4%를 점하고 있으며, 4억 인구가 이러한 사막화의 영향을 받고 있다.

7. 『인민일보』 잡지의 "국가급 난제"에 대한 조사결과에서 나타 나듯이 우선순위 10개의 "국가급 난제"는 ① "부패가 많이 발생하고 반부패 정책이 효과적이지 않아 당이 망하고 나라가 망한다. 어떻게 역사주기율을 벗어날 것인지?"(득표율 100%), ② "빈부격차가 너무 크며 수입 분배가 불공평하다. 어떻게 과학적으로 케이크를 잘 분배할 것인가?"(득표율 97.16%),

③ "어떻게 저층민중들이 집을 살 수 있고 병을 치료할 수 있고 학교를 다닐 수 있게 할 것인가?"(득표율 86.75%), ④ "권력과 자본의 결합이 격화된다. 어떻게 공공권력의 납치에 대비할 것인가?"(득표율 82.36%), 5 "관 본위가 성행한다. 어떻게 관료주의, 형식주의 문제를 해결할 것인가?"(득표율 78.99%), ⑥ "기득 이익집단의 저항이 끊임없다. 어떻게 관건적인 영역의 개혁을 추진할 것인가?"(득표율 78.50%), ⑦ "자원, 환경, 생태위기가 돌출적으로 대두하고 있다. 어떻게 아름다운 중국을 건설할 것인가?"(득표율 77.73%), ⑧ "불안할수록 안정을 유지해야 한다. 어떻게 사회를 관리하고 사회 안정을 유지할 것인가?"(득표율 7356%), ⑨ "경제압력이 극대화되고 있다. 어떻게 빠른 발전을 지속하고 더욱 많고 더욱 큰 케이크를 만들 것인가?"(득표율 72.89%), ⑩ "간부의 재산신고와 공시를 어떻게 실행할 것인가?"(득표율 72.36%).

중국에서 가장 아름다운 랑교(廊橋)의 하나인 장시(江西)랑교.

2013년 말 거행한 "중국의 꿈'이 세계와 대화하다"라는 포럼에서 미국 브루킹스학회 고급연구원 리칸도는 중국의 문제를 이야기하였다. 그는 18기 3중 전회에서 심의 통과한 『중공중앙의 전면적인 심화개혁에 관한 몇 가지 중대문제의 결정』에서 제기한 일련의 개혁조치는 "중국의 꿈"의 추상적인 개념을 구체적인 실천으로 변화시킬 것이라고 여겼다. 물론 이 과정에서 예상치 못했던 많은 새로운 모순과 새로운 문제들이 나타날 수도 있을 것이다. 예를 들어, 시장이 자원배치 과정에서 결정적인 작용을 할뿐만 아니라, 또한 공평하고 공정성을 추구해야 한다. 서방의 경험은 시장이 자원배치를 최적화 할 수 있지만 초래한 결과는 불공평할 수도 있다.

이에 대하여 어떻게 적응하고 조정할 것인지 도전이 넘칠 것이다. 벨기에 브뤼셀의 당대 중국연구소 소장 그라츠 구스타프는 19세기 이래 "중국의 꿈"의 역사적 기원을 돌이켜 보면서 "중국의 꿈"을 실현하는 목표는 국가부강과 나라의 현대화 실현을 포함해야 한다고 했다. 이 목표를 실현하기 위하여 18기 3중 전회에서는 60조(條)의 결정을 달성하여 개혁이 과거의 단일한 경제체제 개혁에서 전면적이고 종합적으로 추진하고 정치, 경제, 문화, 사회, 생태 및 당의 제도건설 등 6대 개혁이 함께 전면적으로 전개돼야 한다고 결정했다.

이는 11기 3중 전회 이후 제일 웅대한 개혁방안이었다. 18기 3중 전회는 개혁이 제일 강한 소리를 내었으며 전면적으로 심도 있는 개혁을 추진하였고, 개혁이 새로운 주기에 들어섰음을 뜻하며, 또한 전에 없었던 거대한 문제들인 새로운 형세, 새로운 국면, 새로운 문제에 직면하였다고 말 했다. 이에 대해 외국인은 방관자로써 객관적으로 보고 있으나, 중국인은 더욱 잘 보이는 것 같고, 더욱 깊게 이해하는 것 같으며, 더욱 예리하게 표현하는 것 같다. 중국은 어떻게 해야 하는가? 이에 대한 답은 발전중인 문제는 발전으로써 해결해야 한다는 것이다.

첫째, 사회주의 제도의 우월성을 충분히 발휘하여 전체국민이 발전의 성과를 함께 누리도록 해야 한다. 18대 보고에서는 "사회주의 기본경제제도와 분배제도를 견지해야 하며, 국민수입 분배구조를 조정하고, 재분배에 대한 조정 강도를 강화하며, 수입 분배의 격차가 큰 문제부터 먼저 해결하여 발전성과가 더욱 많이 더욱 공평하게 전체국민에 미치게 하고, 함께 부유해지는 방향으로 나가게 해야 한다"고 밝혔다. 그러기 위해서는 한편으로는 공유제의 주체적 지위를 끊임없이 공고히 하고 증강시켜야 한다. "흔들림 없이 공유제 경제를 공고히 하고 발전시킨다." 다른 한편으로는 발전성과를 인민들이 함께 누리는 것을 실현시키려면 반드시 수입 분배제도 개혁을 심화시켜야 한다.

"주민 수입성장과 경제의 동시 발전, 노동보수 성장과 노동생산율 동시 향상의 실현에 힘쓰며, 주민수입을 국민수입 분배 중에서 비중을 높이고 노동보수의 최초 분배의 비중을 높여야 한다. 최초 분배와 재분배는 모두 효율과 공평을 동시에 고려해야 하며 재분배는 더욱 공평을 중시해야 한다."

"중국의 꿈"은 모든 중국인 매 한사람이 아름답고 훌륭한 생활을 하는 꿈이다.

두 번째, 발전을 견지하고 큰 케이크를 만들어 함께 부유해지는 견실한 물질기초를 다져야 한다. 18대 보고에서는 "반드시 사회생산력을 발전시키는 것을 견지해야 한다"고 밝혔다. 경제건설을 중심으로 하고, 과학발전을 주제로 하며, 경제발전 방식을 빠르게 변화시키는 것을 기본으로 하여 사람을 근본적으로 조화롭고 발전 가능한 과학발전을 실현하도록 해야 한다. 한편으로는 도시화 건설을 가속화하여 함께 부유해지는 것을 실현하도록 길을 닦아야 한다. 18대에서는 이미 "도시와 농촌발전의 일체화를 추진한다"는 전략구도를 짰다. 도시와 농촌 발전의 통합강도를 강화하고 농촌발전 활력을 증강시키며 점차적으로 도시와 농촌의 격차를 축소하여 도시와 농촌의 공동번영을 촉진시킨다. 다른 한편으로는 구역발전의 총체적인 전략을 빠르게 실시하고, 각 지역의 비교우위를 충분히 발휘케 하며, 우선적으로 서부 대개발을 추진하고, 전면적으로 동북지역 등 옛 공업기지를 진흥시키며, 대대적으로 중부지역의 굴기를 촉진하고 적극적으로 동부지역의 앞선 발전을 지지해야 한다. 이는 구역발전의 불균형을 해소케 하는 중요한 조치이다.

세 번째, 민생문제를 해결하고 공동으로 부유해지는 것을 실현해야 한다. 중국공산당의 집정이념은 줄곧 "전 국민의 공동적인 부유를 실현하는 것"을 목표로 해왔다. 18대에서는 또 진일보적으로 중국특색의 사회주의의 목표를 완벽하게 보강하였다. 많이 변화한 곳은 단순히 국가 차원의 목표에서 개인, 단체, 국가 등 3개 차원의 목표로, 개인적인 차원에서 이야기하면 "개인의 전면적인 발전을 촉진시키고", 단체적인 측면에서 이야기하면 "점차적으로 전체 국민의 공동적인 부유를 실현하며", 국가적인 측면에서 이야기하면 "부강, 민주, 문명, 조화로운 사회주의 현대화국가를 실현한다"는 것이다.

이런 것은 중국특색의 사회주의 목표의 가치성향이 과거의 단순히 '국가부강'을 중시하는데서 '국가부강 국민부유'를 동시에 강조하는 것으로 바뀌어 중국특색의 사회주의 길의 의미를 더욱 공고히 했던 것이다. 강대한 국가만이 국민을 부유하게 할 수 있다. 국가를 부강하게 하는 것은 국민을 부유하게 하기 위함이기도 하다. 인민의 부유함이 없으면 발전은 성공이라고 할 수 없다. 인민의 행복이 없으면 부흥은 완성되었다고 할 수 없다.

　중화민족의 위대한 부흥을 실현하는 것은 바로 중국인민에게 더욱 좋은 교육, 더욱 안정된 직업, 더욱 만족스러운 수입, 더욱 믿을 수 있는 사회보장, 더욱 수준 높은 의료위생서비스, 더욱 편한 거주조건, 더욱 아름다운 환경이 있게 하는 것이고, 아이들이 더욱 잘 성장하고, 일을 더욱 잘하고, 더욱 잘 생활하게 하는 것이다. 한 발 더 나아가 말한다면 바로 중국인민이 더욱 부유하고 더욱 존엄이 있는 생활을 하는 것이며, 개개인의 자유롭고 전면적인 발전을 실현하는 것이라 할 수 있다.

2013년 3월 27일 시진핑 국가 주석이 남아프리카 더반에서 열린 브릭스 제5차 회의에 참석하였다. 이 사진은 이 회의에 참석한 영도자들이 합동 촬영한 사진이다.

패권인가? 아니면 공영인가?

위대한 부흥의 과정 중에 있는 중국은 본국의 이익을 추구하는 동시에 타국에 대한 합리적인 관심을 고려하며, 본국의 발전 중에 각 나라와 공동발전을 촉진하는 것을 추구하였다. 위대한 부흥의 과정 중에 있는 중국은 인민의 이익을 각 나라 인민의 공동이익과 결합시킬 것을 견지하고 더욱 적극적인 태도로 국제사무에 참여하여 공동으로 세계적인 도전에 대처하고 공동으로 인류발전의 어려운 문제를 해결하고자 했다. 마치 전 전국정치협상회의 상무위원, 외사위원회주임 자오치정(赵启正)이 이야기 했던 것처럼 "중국의 꿈"은 속이 좁은 이기주의가 아니고, 횡포적인 것은 더욱더 아니며, 평화적인 발전의 길을 통하여 실현하는 것이며, 반드시 세계와 나눌 수 있으며, 반드시 세계의 평화적인 발전에 유리하게 하는 것이다. 한마디로 "중국의 꿈"은 중국에 속할 뿐만 아니라 세계에도 속하는 것이다. "중국의 꿈"은 간단한 중국발전이 아니라 중화민족의 천하를 돕는 감정과 세계 기타민족과 포용하고 공생하는 민족문화심리를 기초로 하는 것이며, 표현하는 것은 중화민족의 인류에 대하여 공헌을 하는 웅대한 포부이다.

세계역사를 살펴볼 때 지금까지 서방대국의 굴기는 모두 식민지 확장과 약탈을 기본적인 방식으로 하고, 전쟁은 통상적으로 대국 굴기의 기본수단이었다. 이러한 역사 때문에 일부 서방국가들은 중국의 굴기에 대하여 많은 의심을 하면서 어떤 때는 "중국 위협론"을 크게 외치고, 어떤 때는 "중국 붕괴론"을 부르짖기도 하며, 어떤 나라는 심지어 여전히 냉전적 사고방식을 가지고 중국을 막거나 심지어 억제하려고까지 시도하였다. 하지만 중국의 역사는 이미 표명하였고 또 계속 표명할 것이다. 이런 서방의 역사적 관점으로 중국의 굴기를 살펴보고 얻어낸 결론과 취한 행동은 잘못된 것이다.

1405~1433년간 명나라 황제는 연속적으로 정화(鄭和)를 파견하여 수만 명으로 구성된 선단을 이끌고 7차례나 서양을 가게 했으며, 그의

발자취는 30여 개 나라에 널리 퍼졌다. 만약 서방열강의 사고방식에 따르면 중국은 그 당시의 기회를 틈타 영토를 개척하고 세력범위를 강화해야 했지만 중국은 그렇게 하지 않았다. 정화는 끊임없이 명나라의 제일 좋은 물건들, 예를 들면 도자기, 실크 등을 각 나라로 실어 날랐고, 열정적으로 각 나라의 사자들을 만났으며, 도착하는 곳마다 한 명의 군인과 한 필의 말도 남기지 않았다.

중국의 굴기는 서방의 역사관을 기초로 해서는 안 되고, 오직 중국 자신의 역사발전을 기초로 해야 한다고 판단하였다. 이렇게 얻은 결론만이 중국사회발전의 기본논리에 부합된다. "중국의 꿈"의 실현은 과거 대국의 굴기와 다르며 중화민족의 평화를 사랑하고 평화를 아끼며 평화를 지키는 우수한 전통, 아름다운 소망과 견고한 의지를 기초로 한 것이며, 평화로운 발전, 과학적인 발전을 기본 통로와 기본 방식으로 하는 것이다. 중국의 발전은 타국의 이익을 약탈하고 침범한 기초 위에서 건립된 것이 아니라, 다른 나라 다른 민족과 함께 서로 협력하여 발전하고 조화롭게 발전하며 함께 발전하고 번영을 함께 누리는 것이다. 자오치정(趙啓正)은 "하나의 위대한 국가와 민족은 반드시 세계를 위하여 공헌을 해야 하고, 인류문명의 진보를 추진해야 한다. '중국의 꿈'은 이기적인 꿈이 아니고 자기만 생각하고 다른 사람은 무시하는 꿈이 아니며, 다른 사람을 해치는 꿈은 더욱더 아니다.

'중국의 꿈'이 추구하는 것은 중국의 발전과 세계의 발전이 동행하고 중국의 부유함과 세계의 부유함이 동행하는 것이다. '중국의 꿈'의

실현은 세계의 발전에 유리하다"고 여겼다.[3]

2013년 6월 중국을 방문한 키신저 박사는 『중국경제주간』의 특별취재를 받을 때 일부 서방학자들은 중국의 굴기는 "독일이 굴기하고 전쟁이 폭발한 상황"이 다시 나타날 수 있을 거라고 걱정한다고 지적하였다. 이에 대한 그의 대답은 부정적이다.

"역사상 기존대국과 신흥대국 사이에는 항상 격렬하게 부딪치며 매번이 충돌과 전쟁이 일어났다. 이는 마치 이미 역사의 법칙이 된 것 같았다." 중미관계를 묘사한 이런 평가는 과거에 한동안 매우 유행했다. 다행인 것은 미국 지도자든 중국 지도자든 모두 이런 역사적인 숙명을 받아들이기 싫다고 표명한 것이었다.

---

3. 「中國夢不是自私自利的夢」, 『解放日報』 2013年6月27日.

여름철 헤이룽장(黑龍江)의 습지. 헤이룽장은 천연습지를 약 400여 만 헥타르나 보유하고
있다.

키신저는 2013년 6월 중국 국가주석 시진핑이 미국 대통령 오바마와 회견하는 중에 신형국가관계를 건립하는데 관한 설명은 매우 중요하다"라고 표하였다. "역사상 대국들의 관계는 대다수 충돌을 통하여 해결하였다. 하지만 오늘날의 세계는 상호 파괴할 수 있는 무기가 존재하고 전 세계 경제가 불안정함에 따라 이런 상황은 충분히 전면적인 위기를 초래할 가능성이 있다." "다년간 나는 줄곧 미중은 신형국가관계를 구축해야 한다고 견지해왔다. 비록 이는 매우 어렵지만 우리의 영도자들은 이런 책임이 있다. 시진핑 주석과 오바마 대통령의 이런 관계를 구축하는데 대한 태도는 모두 진실하였다." [4]

인류에 공헌을 하고자 하는 것은 "중국의 꿈"의 중요한 이치이며 기본 내용이다. 이는 중화민족의 기본 문화적 심리이며, 또 중화민족의 우수한 전통과 덕목이다. 이런 전통은 중화민족이 기타민족과 조화로운 공생, 상호 포용, 상호 일체의 전체적인 사고와 세계관에 기초한 것이다. 바로 이런 사고와 세계관에 기초하였기에 중화민족은 한 번도 세계발전에 대한 책임을 잊은 적이 없으며, 또한 언제나 이런 책임으로 자기를 요구하고 자기를 채찍질하였다.

또 바로 이런 사고와 세계관에 기초하였기에 지난 2000년의 대부분 세월동안 중화민족은 줄곧 세계기타민족에게 나름대로 공헌하였던 것이다. 이에 대하여 철학자 베이컨, 러셀, 역사학자 토인비, 과학자

---

4. 「基辛格再論中國」, 『中國經濟週刊』, 2013年, 第27期.

조지프 니덤 등 서방 지식인들은 모두 높은 평가를 하였다. 다만 최근 200년이 안 되는 시간에 중화민족의 세계에 대한 공헌이 서방의 야만적인 침략과 약탈로 인해 중단되었고 중화민족은 점차 가난해졌고 약한 경지에 빠졌으며 서방국가 보다 낙후되었던 것이다.

비록 이런 상황이었지만 중화민족은 세계에 공헌하는 책임을 잊지 않았다. 1956년 마오쩌둥은 "신해혁명은 금년까지 45년밖에 안 되었지만 중국의 면모는 완전히 바뀌었다. 또 다시 45년이 지나면 바로 2001년이다. 즉 21세기에 들어서면 중국의 면모는 더욱 크게 변할 것이다. 중국은 강대한 사회주의 공업국가로 바뀔 것이다. 중국은 마땅히 그래야 한다. 그것은 중국이 960만㎢의 국토와 6억의 인구를 가진 국가이기 때문이다. 중국은 반드시 인류에 큰 공헌을 해야 한다. 하지만 이런 공헌은 과거 긴 시간동안 너무 적었다.

이는 우리를 부끄럽게 하였다"라고 말하였다. 인류에 공헌을 하는 사상의식은 줄곧 중국공산당이 인민 군중을 이끌고 끊임없이 분투하도록 격려하였다.[5] 덩샤오핑은 이런 사상을 3단계의 현대화 발전전략으로 설계하였다. 1985년 그는 "현재 모든 사람들은 중국이 눈에 띄게 변했다고 말한다. 나는 일부 외빈들에게 이는 다만 작은 변화일 뿐이라고 말한다. 4배 성장하여 소강수준에 달하는 것은 중간 변화라고 말할 수 있다. 다음 세기 중엽에 이르러 세계선진국가의

5. 「紀念孫中山先生」, 『毛澤東文集』, 第7卷, 1999, 人民出版社, 156-157쪽.

수준에 근접하는 그것이 바로 대 변화다. 그때가 되면 사회주의 중국의 역량과 작용은 다를 것이다. 그리 되면 우리는 인류에 비교적 큰 공헌을 할 수 있다"고 말하였다.[6] 1987년 덩샤오핑은 또 21세기 중엽에 중등 선진국가의 수준에 도달하여 인류를 위하여 더욱 많은 일을 하겠다고 했다. "우리는 바로 이런 웅대한 포부가 있다"고 강조하였다.[7]

덩샤오핑은 중화민족이 인류를 위하여 공헌을 하는 이상을 중국 현대화 건설의 발전과 연결하여 중국특색의 사회주의를 건설 하는 공동이상에 융합하였다. 바로 이런 이상과 추구가 중국을 점차적으로 책임을 지는 강국으로 만들어 가도록 격려하였다. 시진핑 총서기가 제시한 "중국의 꿈"은 중화민족이 이미 독립되고 국가경제 총생산량이 세계 2위에 달하며, 중국이 이미 세계무대의 중심에 선 배경에서 전개하는 것이며, 마오쩌둥, 덩샤오핑이 강조한 중화민족은 인류를 위하여 공헌을 해야 한다는 사상을 지속하는 것이다.

"중국의 꿈"은 바로 중국 자신이 발전하는 동시에 인류에 공헌을 해야 한다는 것을 강조한다. 이런 마음과 포부를 가져야만 비로소 중화민족의 자존감, 자신감, 이성적인 과학, 진취적인 실무, 개방되고 관용하는 건강한 국민적 심리상태를 형성할 수 있고, 더 나아가 세계

---

6. 「在中國共産黨全國代表會議上的講話(1985年 9月 23日)」, 『鄧小平文選』 第3卷, 1993, 人民出版社, 143쪽.

7. 「改革開放使中國眞正活躍起來(1985年 5月 12日)」, 『鄧小平文選』 第3卷, 1993, 人民出版社, 233쪽.

기타민족이 앙모하는 성숙한 대국의 심리상태를 형성할 수 있으며, 중화의 아들딸들이 모두 중국인으로서의 영광과 존엄을 누릴 수 있게 되는 것이다.

홍콩 『남화조간신문』 2013년 5월 15일자 평론에서는 "과거의 30년간 중국은 점차적으로 많은 정부 간 조직과 수백 개 비영리조직의 회원이 되었다. 중국은 이미 국제사회의 교류에 참여하고 있다. 중국은 300여 개의 다국적 협정을 체결한 국가이며, 풍부한 외교 지식과 노련한 정도로써 명성을 얻었다. 현재 중국은 유엔을 제일 옹호하는 나라 중의 하나이다. 중국은 안보리 부결권 한 장을 제일 적게 사용하는 나라다. 중국은 이따금 여전히 옛 방식에 따라 문제를 처리하기도 하지만, 총체적으로 중국은 점차적으로 적극적인 국가로 나아가고 있다"고 논평했다.

"중국의 꿈" 은 또한 "세계의 꿈" 이다

2013년 6월에 개최된 재부(財富)글로벌포럼에서 영국의 전 수상 토니 블레어는 굴기 중에 있는 중국시장에 대한 인정을 여러 차례나 표하였다. "전 세계에서 중국은 기회가 가득하다." 그는 많은 사람들에게 중국이 세계에서 제일 큰 경제대국으로 되는 날이 갈수록 가까워지고 있음을 알려주었다. 따라서 "전반적인 시야를 놓치지 말아야 하며, 중국은 세계와 합작해야 한다"고 일깨웠다. 미국

바이스화

전 재정장관 헨리 폴슨도 중국의 장기적인 발전에 매우 관심을 가지고 있으며, 또한 중국은 이미 정확한 방향으로 앞으로 나가고 있다고 인정하였다. 제네럴 일렉트릭 회장 겸 수석집행관인 제프리 이멜트도 중국경제에 대하여 낙관적인 태도를 가지고 있으며, 중국이 성장과정에서 전체적인 경쟁력을 유지하면서 산업 전환도 완성할 수 있을 것이라고 확인해 주었다. 부임한 지 얼마 안 된 미중무역전국위원회 회장, 듀퐁회사 회장 겸 수석집행관인 코아이린 여사는 듀퐁회사의 많은 고위관리자를 데리고 재부포럼에 참가했을 뿐만 아니라 그의 두 아들까지 데리고 왔다. 이유는 바로 그들에게 중국을 충분히 알게 하기 위해서였다.

그는 중국에 와서 제일 좋은 일은 매번 올 때마다 새로운 변화를 발견할 수 있다는 것이며, 변화가 있다는 것은 기회가 있다는 것을 느낄 수 있기 때문이라고 했다. 2013년 6월 29일 중국을 방문한 박근혜 한국 대통령은 칭화대학에서 강연할 때 중국의 강은 동쪽으로 흘러 바다로 들어가고 한국의 강은 서쪽으로 흘러 바다로 들어간다. 중한 양국의 강물은 바다에서 합류하고 중국과 한국의 꿈은 모두 사회가 조화롭고 국민이 행복해 하는 것이다. 이는 마치 양국의 강물이 같은 바다에서 합류한 것처럼 "중국의 꿈"과 "한국의 꿈"은 두 개가 하나

되어 동북아의 꿈을 형성할 것이라고 말하였다.

매우 많은 외국인들이 중국에서 그들 나름의 꿈을 이루었다. 바이스화(白石樺)는 스웨덴에서 온 분자동력학 석사이고, 6개 외국어를 구사하고 오페라를 배웠으며 자신의 밴드(악단)를 조직한 적이 있는 사람으로 그는 떠들썩한 것을 좋아하는 사람이다.

그는 중국의 떠들썩한 것을 좋아해서 중국으로 왔다고 했다. 그는 베이징 방송국에서 DJ를 했었고, 중국서예를 터득해서 외국인을 가르치며 중문과 중국서예를 연습하는 책을 출판했으며, 또 TV요리 프로그램에 게스트로 출연하여 사람들에게 어떻게 중국인의 입맛에 맞는 서양요리를 하는지를 가르치기도 하였다. 그는 방송국에서 DJ를 할 때 많은 인기를 얻었으며, 그의 책은 지금까지도 미국, 스웨덴 등에서 베스트셀러이며, 그가 참가한 TV프로그램도 꾸준한 시청률을 유지하고 있다.

그의 별명 '따룽(大龍)'은 중국에서 매우 익숙하고 그의 얼굴은 이미 매우 많은 중국인들에게 잘 알려져 있다. 1994년 따룽은 이웨이공관회사(易爲公關公司)를 설립하고 이 회사의 회장이 되었다. 그는 또 스웨덴중국상회를 창립하는데 참여했고, 또한 이 상회의 부회장직을 맡았다. 2004년부터 따룽은 중국기업이 외국기업을 인수 합병하는 사례가 갈수록 많아지는 것을 발견하고는 "중국의 굴기는 본 세기의 제일 중요한 사건일 것이다. 나도 이 과정에 참여하고 싶다"고 말했다. 2009년 중국 현지회사 지리(吉利)그룹이 볼보를 인수 합병할 때 따룽이 지리그룹을 위하여 진행한 교육은 성공적인 인수를 하게 하는데 견고한 기초를 닦아주었으며, 지리 그룹 회장 리수푸(李書福)는 이를 크게 인정하였다. 현재 따롱은 "지리글로벌기업문화연구중심의 주임"이라는 새로운 타이틀을 갖고 있다. 그의 꿈은 "중국기업을 도와 더욱 성장할 수 있도록 도와주는 것이다"라고 말하고 있다.

박근태(朴根太)는 한국 CJ그룹 중국지역총재이다.

박근태

그는 중국에서 생활하고 근무한지 이미 29년이 되었다. 그에 관하여 3개의 이야기가 기업가들 사이에서 많이 유행되었다. 첫 번째는 그의 중국에서의 지인 연락처가 만 명이 넘는다는 것이다. 그것도 명함만 교환하고 머리만 끄덕이는 그런 정도의 사람은 포함하지 않은 숫자라는 것이다. 두 번째는 첫 번째와 연관이 있는 말인데, 그는 많은 지인이 문제가 생기면, 어떻게 하든 그를 도와서 그가 넘어지지 않게 한다는 것이다. 그의 입버릇은 "내가 안배(按排)할게"이다. 그리하여 그의 별명은 '안배 박'이다. 세 번째는 어디서 밥을 먹든 그는 언제나 미리 도착한다는 것이다. 그것은 CJ에서 생산한 각종 조미료를 주방에 있는 요리사들에게 갖다 주어 테스트해보도록 하기 위해서이다. CJ그룹의 4대 주요산업은 식품, 생물공정, 물류, 오락이다.

중국에 있는 임직원이 12,000명이며 연간 매출액은 200억 위안에 달한다. 우리가 자주 보는 것은 서울에 널리 분포되어 있는 뚜레쥬르 빵집, CGV영화관 및 다시다조미료와 백옥두부다. CJ의 컨셉은 생활문화기업이다. 먹는 것 외에 문화오락업도 매우 성공하였다. 최근 몇 년간 CJ는 중국에서 영화와 드라마제작에 투자하였다. 예를 들어 『매우 완벽했다(非常完美)』, 『이별계약(分手合約)』, 그리고 또 중국과 합작하여 원작이 영문으로 쓰여진 『맘마미아』를 수입하여 중국판 『맘마미아』를 제작하여 중국관중의 큰 인기를 얻었다. 박 총재는 자주 이렇게 말한다. "중국의 상도는 한국 상권에서 매우 유명하다. 내가 중국에 온 이후 결정한 한 가지 중요한 목표는 바로 중국의 상도를 배우는 것이다. 그의 최종목표는 7년 간의 시간을 통하여 CJ의 중국 총 매출액이 한국 본사를 초월하는 것이며, 이것이 바로 나의 '중국의 꿈'이다"라고 했다.

번짜(本札)는 아프리카의 가봉공화국에서 왔다.

그는 자신을 자신의 나라에서 부귀영화를 누리며 아버지 사업을 이어받아 훌륭한 외교관이 되도록 놔두지 않았다. 그는 중국의 소림사로 들어와 그곳의 출가인과 함께 검소한 생활을 하였다. 언어장벽을 넘은 후 번짜는 베이징 체육대학에 들어가 정식으로 중국무술을 배웠다. 그는 중국에서 30년을 살면서 많은 좌절과 어려움을 겪었지만 한 번도 뒤를 돌아다보지 않았다. 이 모든 것은 그의 유년시절의 꿈, 즉 신비로운 동방, 중국에 가서 많은 것을 배우는 것에서 비롯되었다.

번짜의 무술은 많은 인정을 받았고 세계무술연합회에서 꽤 유명하게 되었다. 그는 세계무술연합회의 기술관리자를 담당하기 시작하였으며, 또한 감독과 국제재판업무에도 종사하였다. 그는 프랑스, 스페인, 덴마크, 남아프리카 등 나라에 가서 중국무술을 가르쳤다. 중국에서 그는 개혁개방이래 변화가 격렬했던 시기를 겪었고 그런 가운데서 그의 무술 꿈을 실현시켰다.

그는 자기가 중국과 함께 성장한다고 느꼈다. 번짜의 더욱 큰

꿈은 세계에 중국무술을 널리 보급하고 알려주는 것이다. 그는 "무술은 중국에서 비롯되고 세계에 속한다"라고 말했다. 미국 환경보호협회의 수석경제학자 두단더는 한 마리 철새처럼 세계 각지를 날아다니며 있는 힘을 다하여 그의 환경이념을 널리 알렸다.

번짜

두단더

그의 마음속에는 줄곧 한 가지 꿈이 있었다. 바로 이 지구를 인류의 아름다운 낙원으로 만드는 것이다. 그는 노老 부시 대통령의 환경고문을 한 적이 있으며, 중국 전 총리 리펑(李鵬), 원자바오(溫家宝) 및 많은 중국 국가 환경총국의 책임자들은 모두 그의 건의를 중시하였다. 그가 중국환경사업에 대하여 뛰어난 공헌을 하였기에 2004년 그는 중국정부에서 발급한 외국인에게 수여하는 최고상인 우의상(友誼賞)을 받았으며 수상자를 대표하여 발언도 하였다. "당시에 저의 첫 번째 느낌은 놀라움이었습니다요. 왜냐하면 저는 정부에서 이런 상을 저한테 줄 거라는 생각을 못했었고, 또 예전에 관심을 받지 못했던 환경보호라는 영역에서 상을 받을 수 있다는 것도 생각하지 못했기 때문입니다. 두 번째로는 중요한 책임감을 느끼게 됐다는 것입니다.

이 상은 저 개인에게 주는 것이 아니라, 중국과 외국의 전문가를 포함한 수많은 환경보호에 종사하는 동료들에게 주는 것을 단지 제가 대표로 받는 것이라고 생각하고 있습니다." 뚜딴더는 "저는 환경보호사업에 종사한지 이미 30년이 되었습니다. 이 상은 제가 미국 외에서 받은 환경보호 방면의 최고 영예이며, 제가 받은 충격과 격려의 힘은 말로 표현할 수가 없습니다. 저는 이것이 저

개인의 명예라고 생각지 않습니다. 저는 제가 한 가지 흐름, 한 가지 기호를 대표 한다고 생각합니다. 중국은 소강(小康)사회를 건설하는 과정에서 정부가 환경보호사업을 더욱 중시하고 환경보호업무에 종사하는 사람들을 갈수록 중요하게 생각함으로써 중국인민의 환경보호의식도 매우 많이 향상되었습니다"라고 말했다.

영국인 장선하이는 베이징의 오래된 후퉁胡同(골목) 난뤄구(南鑼鼓) 골목에다 자그마한 가게를 열고 주로 문화티셔츠를 판매하였다. 그는 자기의 가게에 "반창고8"이라고 이름을 지었다. 현재 쟝하이썬은 이 가게와 함께 이미 국내외에 이름을 날렸고. 많은 국제통신사에서는 그를 보도했으며 많은 보도가 패션과 유행잡지에도 실렸다. 사람들은 가게나 거리에서 종종 그를 알아보고 함께 사진을 찍었다. 그가 설계한 각종 특색이 있는 문화티셔츠는 가게에 들어오는 중국인마다 회심의 미소를 짓게 하였다.

장선하이

어떤 문화티셔츠에는 3개의 법랑 항아리가 그려져 있고, 위에는 "사회주의 좋다"라는 표어가 쓰여 있다. 어떤 것은 8냥짜리 식량배급표와 "먹고 마시며 낭비하는 것을 반대하고 절약하자"라는 "최고 지시"가 쓰여 있기도 했다. 어떤 것은 "1.2위안/킬로미터"가 쓰여 있었다. 예전 베이징 택시의 가격표다. 또 어떤 것은 중국공산당 건립 50주년의 기념로고 "1921-1971"이 쓰여 있다. 많은 노인들 눈에 이런 1970년대에서 1990년대까지의 도안, 로고, 상표 등 일부 중국인들이 보기에 너무 흔한 기호들은 바로 그들로 하여금 중국 분위기를 느끼게 하였다. 이것이 바로 베이징의 느낌인 것이다.

2008년 원촨(汶川) 대지진이 발생한 며칠 후 장선하이는 아내 및 친구들과 함께 의류, 이불, 텐트, 젖병과 분유를 사서 DHL을 통하여 무료로 재해지구에 보냈다. 라오 장은 "이것은 제가 처음으로 중국인이 단결하는 것을 보는 것이었습니다. 아마도 사회주의 제도와 관계가 있는 것 같습니다. 온 나라가 함께 도와주고 있습니다. 이와 비교해볼 때 자본주의는 좀 이기적이 아닙니까?" 라고 말했다.

어려서부터 동방대국과 유구한 문화에 꿈과 같은 환상이 가득한 독일사람 캉리천(康立晨)은 그의 꿈을 하나하나 실현해가고 있다.

캉리천

  하지만 그에게는 더욱 큰 목표가 있다. "그때는 제가 젊고 혈기가 왕성해서 제가 대단한 사람인줄 알았어요. 미국의 미시시피에 있는 어떤 회사에서 근무한 경력과 실적이 있었지요. 처음에 주하이(珠海) 선전(深圳)에 있는 IT회사에 왔을 때 저는 일이 어렵지 않다고 생각했어요. 저는 계획을 짜서 위로부터 아래까지 관철 집행케 하려고 준비했지요. 그 결과 저는 실패했어요. 그때 저는 중국직원이 너무 둔하고 할 줄 몰라서 그랬다고 생각했어요.

  저는 사장한테 그들을 해고하고 새로운 사람으로 바꾸었다고 알려드렸지요. 결과는 실패였지요. 그때서야 저는 제가 문제가 있을 거라고 생각했어요." 캉리천은 자기에게 두 가지 선택이 있음을 재빨리 깨달았다. "하나는 제가 중국을 떠나 다른 곳에서 직업을 택하는 것이고, 다른 하나는 더욱 빨리 중국에 적응하고 알아가는 것이었습니다." 그는 추호의 망설임도 없이 후자를 선택하였다. 그는 바로 중국어 선생을 초빙하여 매일 퇴근 후 중국어를 배웠다. "제가 처음으로 중국어로 직원들에게 '니하오' 라고 했을 때 그들은 흥분된 모습을 보였습니다. 제가 진정 중국을 알기를 원하고 행동으로 옮겼을 때 그들의 저에 대한 태도는 많이 달라졌습니다." 이때부터 캉리천은 부지런히 중국어를 배웠다. 그는 종종 "중국에서 제가 만약 영어만 할 줄 안다면 저의 직업과 생활은 흑백 두 가지만 있을 겁니다. 하지만 저는 중국어를 배웠고 저의 중국생활은 오색찬란하게 되었습니다."

"어떤 외국인은 중국에 왔다가 결국은 실패하고 돌아갑니다. 제가 보기에는 그들의 태도에 문제가 있다고 봅니다.

그들은 언제나 중국은 매우 가난한 나라이고 중국인은 아무것도 할 줄 모른다고 여깁니다. 그들은 자기만 잘났다고 생각하면서 소통하려는 태도가 없습니다.

사실 그들은 중국을 알지 못하고 심지어 중국말을 한마디도 할 줄 모릅니다. 이런 사람은 언젠가는 실패할 것입니다." 중국어를 이미 매우 유창하게 하는 캉리천은 아직도 중국문장 스기를 연수하고 있다. 그가 자기에게 부여한 계획은 멀지 않은 장래에 컴퓨터로 중국문장을 입력하고 한자로 사상을 표현하는 것이다.

2013년 7월 6일 제12기 중국어다리(漢語橋)세계 대학생 중국어 시합이 후난湖南 창사長沙에서 개최되었으며, 예선에서 승리한 77개 나라에서 온 123명의 대학생이 준결승과 결승에 참가하였다. 중국어는 이 학생들의 꿈이며 그들이 "중국의 꿈"에 다다르는 교량이기도 하다. '한자 아저씨'라고 불리는 미국인 리차드 시어스는

특별게스트 신분으로 경기개막식에 참석하여 뭇사람들의 주목을
받았다.

리차드 시어스

1972년 시어스는 식당에서 거의 1년 동안 그릇을 닦은 급여로 타이
완으로 가는 편도 티켓 한 장을 끊어 자신도 예상하지 못한 한자와의
수 십 년간 지속된 갈라놓을 수 없는 인연을 시작하였다. 그가
타이완에 가서 공부하는 것이 그에게는 "제일 외래적이고 이야기가
있는 상형문자인 한자였다.

하지만 5,000개의 한자와 6만개의 조합, 그리고 한자는 많은
획으로 구성되어 있고 획과 획 사이에는 마치 어떠한 논리적인
관계도 없는 것 같았다"고 했다. 한자는 시어스에게 엄청 고생을
하게 하였다. 그는 한자의 어원과 변천을 알게 되면 왜 이렇게 써야
하는지를 알게 되고 배울 때 좀 더 쉽다는 것을 발견하였다. 실리콘

밸리의 공정사로서 그는 컴퓨터식 『설문해자』의 생각이 떠올랐다. 그는 차이나타운에서 제일 저렴한 집을 임대하고 디지털화 하는 한자어원의 일을 시작하였다.

20년의 시간을 들여 그는 한자어원 사이트를 구축하고 거의 모든 한자의 변천역사를 수집했다. 2002년 시어스는 "한자어원"사이트를 정식으로 출범하여 자주 사용하는 6,552개의 현대한자에 대하여 어원분석을 진행하였다. 그중 수집배열은 96,000개의 고대 한자형태, 31,876개 갑골문, 24,223개 금문 및 진한의 11,109개 대전서(大篆書), 596개 소전서(小篆書)가 넘었으며, 또한 매개 글자 형태마다 영문주석을 달아주었다. 인터넷 홈페이지는 매일 안정적으로 15,000차례씩 열람되고 있으며 중문을 배우는 외국인만 찾는 게 아니라 중국인도 그에 대하여 매우 흥미를 가지며 사람들은 그를 "한자 아저씨"라고 부르게 되었다.

하지만 "한자 아저씨"는 이때 너무도 가난하여 매월 47달러의 사이트 서비스비용도 지불하지 못하고 있었다. 그리하여 그는 중국에 왔다. 하지만 62세의 시어스의 구직은 순조롭지가 않았다. 그는 영어강의 하는 직업을 좋아하지 않았는데, 그 이유는 중국어를 하면서 자신의 사이트를 만들고 싶어 했기 때문이다. 마침내 베이징 사범대학은 '한자 아저씨'를 초빙하여 한자를 분석하는 사이트를 만들게 하였다. 시어스는 비자문제도 해결했을 뿐만 아니라, 고대한문을 연구하는 박사가 자기의 조수가 되었다. "한자 데이터베이스를 한자 지혜창고로 업그레이드" 하는 것은 "한자

아저씨"의 "중국의 꿈"이었다. 그는 "만약 내가 20년을 더 산다면 나는 한자를 위하여 20년 더 일할 것이다"라고 말했다.

1984년 41살의 영국인 폴 화이트는 베이징에 와서 신화통신사의 외국인 전문가가 되었다.〈사진설명 : 폴 화이트. 원문 47쪽〉

이전에 그는 Hong Kong Standard and Trade Media에서 5년간 근무했다. 그는 홍콩의 첫 번째 기자대표단으로 1982년 내륙방문 취재교류활동을 조직하고 성사시켰다. 폴은 중국사회의 큰 변화를 보았고 이 모든 것은 그를 놀라게 하고 감탄하게 했으며, 그리고 거기에 빠져 다시는 이 동방옥토를 떠나지 못하게 되었다. "제가 처음 중국에 왔을 때 이 땅은 저에게 아직은 낯설었습니다. 당시 4가지 현대화 건설이 막 시작되었고, 사람들은 보편적으로 가난했습니다."

80년대의 베이징을 추억하는 폴은 아직도 당시의 기억이 생생하다고 했다. 방문객으로서 폴은 중국변화에 대한 느낌이 더욱 깊었다. "90년대부터 변화가 더욱 뚜렷했습니다. 변화, 변화, 변화,

모든 것이 변하고 있었습니다. …… 중국은 역사상 유례가 없는 거대한 변화를 겪었고 아주 작은 것 하나에도 사람들을 감개무량해 했습니다.”

중국의 민요를 채록하는 그의 직업관계로 폴은 중국의 많은 곳을 다녔다. 동북에서 하이난(海南)까지 그의 민요를 채집하기 위한 발자취가 남겨졌다. 어디를 가든 폴은 진지하게 관찰하고 또한 현지의 풍토와 민심을 기록하며 그의 창작을 위해 많은 소재를 수집하였다. 1988년부터 폴은 영국 런던 『모닝스타신문』에 칼럼을 게재하기 시작했다. 그의 칼럼이름은 “중국일기”라고 했다. “중국일기”에서 폴은 영국독자들과 함께 그의 중국에서의 경험과 그의 중국관을 이야기 하여 많은 영국인들이 그들이 알지 못하는 중국을 알게 하였다. 그의 칼럼을 이야기하자 폴의 눈은 반짝이기 시작하였다.

“저는 매월 4편의 칼럼을 씁니다. 내용은 국제정치, 사회경제, 재미있는 생활이야기, 시사인문 등입니다. 중국에서는 언제나 새로운 사물이 생겨나 나의 소재가 되어 한 번도 쓸 말이 없었던 적이 없었습니다. 저는 평상심으로 제가 관찰한 사회의 백태현상을 묘사합니다. 저는 중국에 대하여 아는 게 별로 없는 서방매체 기자들처럼 미리 편견과 오해를 가지고 중국을 바라보지 않습니다. 그들의 문장에 반영된 중국은 객관적이지도 진실하지도 않습니다. 저는 최근 몇 년 동안 중국의 커다란 변화를 보았으며, 그중 90%의 변화는 좋은 것이며 모두 긍정적이라고 말할 수 있습니다. 그렇기 때문에 제 글 속의 중국은 생기가 넘치고 있는 것입니다.”

2

개인의 꿈인가 아니면
나라의 꿈인가?

개인의 꿈인가 아니면
나라의 꿈인가?

"중국의 꿈"을 실현하려면 반드시 중국의 힘을 응집해야 한다.
공론은 나라를 망치고 실천은 나라를 부흥케 한다. 우리는 13억
중국인의 지혜와 힘으로 한 세대 또 한 세대를 이어 꾸준히 노력하여
우리의 나라를 건설하고 우리의 민족을 지켜야 한다.

- 시진핑

"중국의 꿈"은 나라를 부강하게 하는 꿈이며 국민을 부유하게 하는
꿈이다. "중국의 꿈"은 국가의 꿈이며 개인의 꿈이다.

베이징을 부드럽게 안고 있는 만리장성

"중국의 꿈"과 "미국의 꿈"은 통하는가?

"중국의 꿈"이 제기되자 매체들은 잇달아 이것을 "미국의 꿈"과
비교를 하였다. 일본 『외교학자』 잡지사이트의 2013년 2월 5일
문장에서는 "'미국의 꿈'이 강조하는 것은 개인의 부유와 성공이다.
  하지만 '중국의 꿈'은 단체의 약속이며 그는 중국국민에게 민족의
대의를 위하여 개인이 희생할 것을 요구하는 것이다"라고 하였다.
"중국의 꿈"과 "미국의 꿈"은 두 나라의 꿈이지만 그들은 표현형식에서
매우 달랐다. 시진핑 주석은 오바마 대통령에게 "중국의 꿈"은 "미국의

꿈"을 포함한 세계 각 나라 국민들의 아름다운 꿈과 상통한다고
이야기 했다. 2013년 6월 80여 차례 중국을 방문한 적이 있는 키신저
박사는 또 한 번 베이징을 방문하였다.

그는 "중국의 꿈"과 "미국의 꿈"을 이야기할 때 두 꿈은 방법은 달라
도 결과는 같을 거라고 여겼다. " '미국의 꿈'은 미국 국민이 개인생
활조건 향상을 끊임없이 추구하는 데서 비롯된 것이며, 그들은 미래는
영원히 더욱 좋아질 것이라고 생각한다. 중국인은 근 150년에서
200년간 많은 고난을 당했다. 그리하여 눈을 들어 앞을 보며 '중국의
꿈'을 제기한 것은 매우 중요한 일이다. 비록 시작은 다르 지만 두
꿈의 궁극적인 목적은 일치하는 것이며 추구하는 것이 모두 비슷하다.
더욱 평화롭고 발전되며 협력하는 세계를 만드는 것이다" [8] 라고
말했다.

자오치정(趙啓正)은 "미국의 꿈"은 개인에서 국가로, "중국의
꿈"은 국가에서 개인이라고 말했다. 첫 번째 원인은 양국의 역사가
다르기 때문이다. 근대 중국은 나라가 괴롭힘을 당했고 국민은 고통
속에 있었다. 국가의 성공이 없으면 개인의 성공도 없다. 이것은
분명한 사실이다. 하지만 미국은 괴롭힘을 당한 역사가 거의 없다.
두 번째 원인은 사고방식이 다르기 때문이다. 예를 들어 편지를 쓸
때 중국인이 주소를 쓰는 순서는 국가, 성시, 구현(區縣), 가도(街道),

---

8. 「基辛格再論中國」, 앞의 책.

사람 이름이고 미국은 이와 정반대이다. 우리는 어느 순서가 좋다고 말할 수 없다. 각 나라가 서로 다른 꿈이 있는 것은 바로 서로 다른 역사배경과 문화의 선택에 기초된 것이다. 하지만 좋은 꿈을 추구하는 것은 모두 국가가 부강하게 되고 국민이 부유하게 되는 것이다.[9]

중국학자 신밍(辛鳴)은 "미국의 꿈"은 개인분투의 기초 위에서 구축된 것이라고 여겼다. 마치 그 당시 "미국의 꿈"을 논술했던 작가가 이야기했던 것처럼 "미국의 꿈"의 제일 큰 특징은 바로 어떠한 사람이든지 미국 땅에 오면 자기의 노력과 분투를 통하여 자신의 꿈을 이룰 수 있다는 것이다. 꿈은 실질적인 물질적 기초 위에서 구축되는 것이며, 역사배경, 역사 누적과 현실의 근거 위에서 구축되는 것이다.

마르크스는 "사회발전은 사회의 이러한 현실 환경을 떠날 수가 없다"고 말했다. "중국의 꿈"을 가장 직관적으로 표현한 말이 "국가의 꿈", "민족이 꿈"인 것이다.[10]

역사를 돌이켜 볼 때 만약 강대한 나라가 없으면 강성한 민족도 없다. 자기의 국토 위에서도 중국인은 2등 국민이 될 수가 있다.

중국인이 영원히 잊을 수 없는 치욕은 상하이 영국조계의 어느 한 공원 문 앞의 팻말에 "중국인과 개는 들어올 수 없다"고 한 글귀였다.

비록 후에 많은 사람들이 이 사실을 부정하려고 해도 당시 중국인이 자기 나라 땅에서 자유롭게 행동할 수 없었던 것은 누구도 지울 수

9. 「中國夢不是自私自利的夢」, 앞의 책.
10. 辛鳴, 「"中國夢"是每個中國人夢想的基石」.

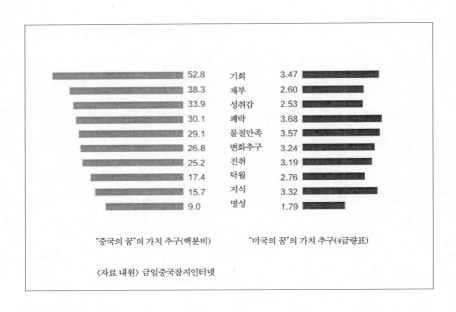

"중국의 꿈"의 가치 추구(백분비)	"미국의 꿈"의 가치 추구(4급량표)

52.8	기회	3.47	
38.3	재부	2.60	
33.9	성취감	2.53	
30.1	쾌락	3.68	
29.1	물질만족	3.57	
26.8	변화추구	3.24	
25.2	진취	3.19	
17.4	탁월	2.76	
15.7	지식	3.32	
9.0	명성	1.79	

〈자료 내원〉 금일중국잡지인터넷

없는 치욕인 것은 사실이다. 이 사실의 배후에는 국가가 쇠망하고 민족이 쇠약한 점에 있었다. 그러므로 중국인의 꿈은 반드시 조국의 강성, 민족의 강성과 긴밀히 연관되어 있어야 하며, 이래야만 개인의 꿈이 비로소 견고한 뿌리를 내릴 수 있는 것이고, 개인의 꿈을 비로소 이룰 수 있다는 것을 깊게 깨달았던 것이다.

문화적 배경에서 볼 때 중화문화는 매우 풍부한 꿈을 쫓아가는 정신이 내재되어 있다. 이런 정신은 중화 민족정신의 중요한 내용이며 중화 민족이 끊임없이 성장하고 번성하며 굳세고 강인하고 강대한 정신의 동력이다. 과보(夸父)가 태양을 쫓고, 상아(嫦娥)가 달을 쫓는 고대의 신화처럼 "선저우(神舟)" 계열 우주선의 성공적인 발사, "선저우 10호"와 "티엔궁(天宮) 1호" 유인우주선의 도킹까지, 대우(大禹)의 치수에서 양쯔장, 황허 등 큰 강에다 이미 건설했거나 건설 중인 댐 등은 수천 년간 중화민족의 마음속 깊이 있던 꿈으로, 이 꿈은 줄곧 중화민족을 응집시키고 격려하며 정치문명, 정신문명, 사회문명 및 생태문명을 추구하도록 하였다. 이 모든 것은 중국의 현대화가 서방의 현대화 길과 현대화의 특징과 근본적인 차이가 있음을 설명해 주었다. "중국의 꿈"은 봉건제국의 옛 꿈을 부흥하자는 것이 아니고 소화도 못시키는 외국문화의 타국 꿈도 아니며 중화민족이 전통을 바탕으로 해서 현대화로 나아가겠다는 현대의 꿈이라고 할 수 있다.

역사적인 면에서 보면, "중국의 꿈"은 한나라 때의 영웅적인 풍조, 당나라 때의 위대한 업적, 강희제 건륭제 때의 성세(盛世)를 다시 조성하자는 것이 아니고, 중화민족의 전통을 현대적 형태로 전향시키는 것을 완성하자는 것이다. 형태의 전환이라는 것의 본질은 현대성적인 것을 부단히 축적시키고 생장토록 하게 하는 것이다. 중국 현대화의 실천이라는 각도에서 본다면 현대성이라는 것은 시대발전에 서로 적응케 하는 과학적 사상관념을 확립하는 것과 고효율성적인 사회 운행 관리시스템을 건립하는 것, 그리고 인간의 전면적인 발전과 사회의 전면적인 진보를 추진하는 것을 목표로 하는 핵심적 가치 체계를 형성시키는 것 등이 포함된다.

그리하여 빈곤하고 낙후한 것을 벗어나는 것으로부터 현대의 형태로 전환케 하는 기점으로 삼아, 인민군중의 공동 부강과 국가의 번영을 실현하는 것이 현대로의 전형을 확립시키는 첫 번째 목표라 할 수 있다. 집정당은 중국 특색의 사회주의 건설 규율을 따라야 한다는 인식을 부단히 심화시키고, 현대화 건설의 국면을 계속적으로 개척 발전해 갈 수 있도록 하여 현대화 건설의 내용을 갈수록 더욱 풍부하게 해야 한다.

농업의 현대화는 신중국 사회경제의 모든 발전사를 관철시켰다. 2007년 중국정부는 농업기계의 현대화를 이용해야 하고, 현대과학기술로써 농업을 개조해야 하며, 현대의 산업체계로써 농업을 제고시키고, 현대적 경영으로써 농업을 촉진 발전시켜야 한다고 제기했다. 이처럼 농업의 현대화를 추진해야만 진정한 발전을 가져올 수 있다고 강조했다.

최초의 부강 발전을 추구하는 것에서 민주, 문명, 화해, 자유, 평등, 공정, 법치 등 중요 내용을 추구하는 것으로 나아가도록 해야 한다. 즉 물질문명의 발전을 추구하는 것으로부터 정치문명, 정신문명, 사회문명 및 생태문명을 추구하는 것으로 나가야 한다는 것이다. 이러한 중국 현대화의 형태 전환은 서방의 현대화 노정과 현대화의 특징과는 전혀 다른 것이다. "중국의 꿈"은 봉건제국의 예전 꿈을 부흥하자는 것이 아니다. 중화민족의 기초 위에서 전통으로부터 현대의 형태로 전향하는 것을 실천하는 현대의 꿈인 것이다.

현실에 근거하여 볼 때 "중국의 꿈"은 중국공산당이 이끄는 중국 특색의 사회주의의 성공적인 실천에 기초한 것이다. 90여 년간 분투한 실천이 증명하듯이 중국공산당은 중국인민을 이끌어 중화민족의 위대한 부흥의 영광과 꿈을 이룰 수 있었다. 30여 년의 개혁개방과 사회주의현대화 건설은 중국의 1인당 평균 국민생산총액을 1978년 250달러가 채 못 되던 것에서 2012년의 6,100달러로 향상시켰고, 경제 총생산량은 전 세계 2위까지 상승하게 되었다.

중화민족은 자신의 발전의 길에 자신감이 생겼고 중화민족의 위대한 부흥에 믿음과 기대가 생겼으며 또한 세계의 인정과 칭찬을 받았다. 중국사회발전의 실천이라는 점에서 볼 때, 중국인민은 중국특색의 사회주의가 당대 중국발전 진보의 근본적인 방향임을 충분히 인식하였다. 중화민족은 중국특색의 사회주의 길, 중국특색의 사회주의 이론체계, 중국특색의 사회주의제도의 길에 대한 믿음, 이론에 대한 믿음, 제도에 대한 믿음이 이로써 더욱 공고하게 되었다.

이는 "중국의 꿈"이 실현할 수 있는 근본적인 동력이다.

"중국의 꿈"은 어떤 문제를 해결해야 하는가? 중국에서 중화민족의 위대한 부흥, 국가의 부강을 실현해야 할뿐만 아니라, 더욱 중요한 것은 인민의 행복을 실현하는 것이다. "중국의 꿈"은 인민의 꿈을 위하는 것이며 동시에 인민들이 실현하는 것이다. 개인의 꿈은 결국 종속되어 있는 시대의 환경을 떠날 수 없으며, 웅대한 민족의 꿈, 국가의 꿈에서 구체적이고 상세한 개인의 동경까지 각종 큰 정서, 작은 감정들이 상호 교차되어 있다. "사람은 높은 곳으로 간다"는 규칙은 줄곧 변하지 않았다. 분투는 사업을 성취하는 초석이다. 분투만이 꿈의 문으로 들어갈 수 있으며 탁상공론만 하고 실천을 하지 않으면 아무리 아름다운 꿈일지라도 이룰 수가 없다. 모든 중국인은 모두 "중국 드림팀"의 일원이다. 모두 "중국의 꿈"의 참여자, 저작자이다. 모든 사람들이 같은 방향으로 생각하고 같은 곳으로 힘을 합쳐야 "중국의 꿈"을 실현할 수 있는 강대한 힘을 모을 수 있는 것이다. "중국의 꿈"은 과거와 현재, 역사와 미래를 연결하였고 국가와 개인, 가정과 작은 가정을 연결하였다. 사람들은 "중국의 꿈"으로 인해 감격하였을 때 도대체 어떤 심리변화의 과정을 거쳤을까? "중국의 꿈"은 중국의 마음에서 왔으며 국가부강의 꿈을 말한다.

어떤 중국인이 조국이 하루 빨리 강대해지기를 원하지 않으며, 조국의 가지와 잎이 무성한 큰 나무아래서 바람과 비를 피하고 싶지 않겠는가? "중국의 꿈"은 민족의 정(情)에서 기원되었으며, 이는 바로 민족 부흥의 꿈이다. 피를 나누고 있는 중화의 아들딸들 중누가 중화민족이 세계민족 중에서 가슴을 내밀고 자립하여 기를 펴며 살기를 간절히 바라지 않았겠는가? 해외에 오래 동안 살고 있는 화교들은 중국의 발전, 중국의 국제적 지위의 향상에 대하여 제일 많이 느낀다. 그들은 이제 가슴을 펼 수 있으며, 자기가 중국인이기에 자랑스러움을 느낄 수 있게 되었다. 자주 출국하는 중국인들도 감회가 남다르다. 10여 년 전 해외에서 중국인은 자주 일본인, 싱가포르인 또는 한국인으로 오해받았다. 현재 유럽과 미국, 일본 등 선진국과 각 지역의 상점에서 일하는 판매원은 모두 중국어로 서비스하고 있다.

"중국의 꿈"은 모든 중국인의 꿈이다. 국가가 잘 되고 민족이 잘 되어야 개인도 좋은 것이다. 1932년 동북지방의 단거리선수였던 류창쳰(劉長春)은 일본이 세운 만주국을 대표하여 올림픽에 참가하는 것을 거절하고 일본 관동군에게 쫓기는 위험을 무릅쓰고 베이징으로 도망 와서 장쉐량(張學良) 장군이 후원한 8000냥의 지원금으로 중국을 대표하여 미국 LA올림픽에 참가함으로써 올림픽경기에서 처음으로 중국인의 모습을 보여주었다. 이로부터 76년 후인 2008년에 열린 베이징 올림픽경기에서 중국선수단은 금메달 51개, 은메달 21개, 동메달 28개등 총 메달 수 100매를 거두는 우수한 성적을 냈다.

중국의 우수한 선수들은 국기가 한 차례 또 한 차례 자신들의 노력으로 오르게 되고 국가가 한 차례 또 한 차례 울리게 하였다. "한 사람의 올림픽"에서 전 국민이 지지하고 참여하는 베이징 올림픽을 보면서 얼마나 의미심장한 약진을 중화민족은 해내었는가! 이처럼 근 30년 동안에 중국인은 이미 자신의 꿈을 이루는 위대한 시대에 들어서 있었던 것이다.

하나하나의 꿈이 이루어진 사례는 수많은 젊은이들이 꿈을 통하여 자기의 인생을 계획할 수 있도록 힘을 북돋아주고 있다. 꿈을 이루는 것을 통하여 자기의 가치를 실현했다. 오늘의 중국에서 수억 명의 농촌청년이 도시에서 분투하는 것은 자신의 "도시의 꿈"을 실현하기 위해서이다. 백만 명이 넘는 중국인이 해외로 건너 가 투자를 하고 기업을 운영하는 것은 자신의 "글로벌 꿈"과 "세계의 꿈"을 이루기 위해서이다. 많은 창업과 부를 이룬 기업가들은 연설에서 "좋은 시기를 만났다고" 말한다. 수많은 이름을 떨친 풍운아들은 "이 시대에 감사한다." 라고 말한다. 원촨(汶川) 대지진으로 피해를 입은 사람들은 불과 3년이라는 시간에 재해지역의 폐허에서 20년을 뛰어넘는 새로운 아름다운 터전을 건설할 수 있을 거라고는 꿈에도 생각하지 못했었다. 수많은 해외화교들은 조국의 강대함으로 인하여 자신감이 넘치고 조국동포들이 자연재해를 입었을 때 선뜻 성금을 기부하고 힘을 다하여 도왔다.

물론 생활 중 아직 미흡한 점도 많다. 일반가정의 "자동차의 꿈" 은 순식간에 교통체증의 큰 문제가 되었고, "대학의 꿈"을 이룬 청년학생들은 취업난에 직면하고 있으며, 합리적인 출생통제와 인구노령화의 모순, 난치병을 치료하기 위해 드는 비싼 치료비의 모순…… 하지만 중국의 발전진보가 모든 중국인에게 가져다 준 것은 어디까지나 새로운 희망, 새로운 꿈이었다. 마치 시진핑 주석이 이야기 한 것처럼 "우리의 위대한 조국과 위대한 시대에 살고 있는 중국인민은 함께 인생이 빛나는 기회를 누릴 수 있고, 함께 꿈을 이룰 수 있는 기회를 누릴 수 있으며 조국과 함께 성장하고 진보하는 기회를 누릴 수 있다. 꿈이 있으면 기회가 있고 노력이 있으면 모든 아름다운 것을 창조할 수 있다"는 것이다.

인민은 역사의 창조자이고 군중은 진정한 영웅이다. 중국 각 민족의 대단결은 '중국의 꿈'을 실현하는 힘의 원천이다. 중국 각 민족인민이 긴밀히 단결하고 힘을 합쳐 공동의 이상을 위하여 노력한다면 꿈을 실현하는 힘은 비할 바 없이 강대해질 것이다.

누가 오색비단을 들고 공중에서 춤을 추는가?

신 중국 성립시작부터 마오쩌둥 등 제1대 중국 지도자들은 중국 공산당과 중국 각 민족 인민들을 이끌고 번영융성하고 인민이 주인이 되는 사회주의 현대화 국가를 건설하기 위하여 노력하였다.

먼저 중국특색을 지닌 중국국정에 적합한 사회주의 근본제도를 구축하였다. 즉 공인계급을 리더로 하고 공농연맹을 기초로 하며 제일 광범위한 인민민주통일전선을 연결고리로 하는 인민민주독재의 국체를 구축하였던 것이다. 이 국체의 건립은 신 중국이 극소수 적대세력들에게 독재를 실시해야 하는 동시에 인민내부에서 제일 광범위한 민주를 실시하게 하였다. 이러한 기초 위에서 점차적으로 인민대표대회라는 근본적인 정치제도와 중국공산당이 영도하는 다당

합작과 정치협상제도, 민족구역자치제도 및 공유제를 주체로 하는
사회주의경제제도를 구축하였다.

세계 8대 기적이라는 영예를 안은 허난(河南)의 홍치거(紅旗渠).

다음 독립된 비교적 완전한 공업체계와 국민경제체계를 구축
하였다. 중국은 다년간의 끊임없는 노력을 통하여 자수성가하고
분발하여 가난하고 아무것도 없는 기초 하에서 비교적 완전한
공업체계와 국민경제체계를 구축하였고, '2탄1성'(원자탄, 미사일,
인공위성)을 상징으로 하는 국방과 첨단기술영역에서 중요한 발전을
하였으며, 농업현대화, 공업현대화, 국방현대화, 과학기술현대화에
대해 전면적으로 추진하였다.

　　신 중국 건립 후의 수십 년 동안 중국공산당의 영도아래 많은 나라
들이 백여 년에 걸쳐 완성한 노정을 걸어왔고, 중국근대 이래의
역사상 드문 평화로운 건설국면이 나타났으며, 중국인민은 자신감이
넘쳐 "중국의 꿈"의 목표를 향해 앞으로 나아가고 있다.

　　하지만 탐구의 길은 평탄하지만은 않았다. 경제가 낙후한 동방대
국에서 철저한 민주혁명을 실시하고 또한 승리를 얻기란 쉬운 일이
아니었다. 중국이라는 가난한 대국에서 사회주의 현대화를 건설하는
것은 더욱 더 역사상 유례가 없는 어려운 일이었다. 위대한 꿈을
실현하는데 순리롭고 대가를 지불하지 않는 것은 상상하기 어려운
것이다. "대약진운동"과 "문화대혁명"의 발생이 바로 이러한 무거운
교훈이었다.

　　이러한 지난날의 착오와 실수에서 깨어나고, 또한 인민에 대한,
역사에 대한 고도의 책임태도에 대한 잘못을 철저히 바로잡은 것은
다른 사람이 아닌 바로 중국공산당이었다. 1978년 중국공산당의
제11기 3중 전회 이후 덩샤오핑은 한편으로는 마오쩌둥 사상을

견지하고 발전시키면서 실사구시적으로 마오쩌둥의 노년에 범한 착오를 바로잡고, 마오쩌둥의 역사적 지위와 위대한 업적을 충분히 인정하였으며, 다른 한편으로는 새로운 문제에 대응하고 해결하며 개혁개방과 중국특색의 사회주의 사업을 개척하였다. 개혁개방은 중국의 면모를 크게 변화시켰고 사회의 생산력을 크게 발전시켰으며 세계인이 감탄하는 중국의 기적을 창조하였다.

나의 "중국의 꿈"

"중국의 꿈"은 하나하나의 꿈으로 구성되었고, "중국의 드림팀"은 하나하나의 백성들로 이루어졌다.

저는 리수궈(李書國)라고 하는데 베이징시 다싱(大興)구 위다이진(俞垈鎭), 류쟈푸촌(劉家鋪村)의 당서기이며 여기서 나고 자란 농민입니다.

리수궈

우리 마을은 과수 재배를 전업으로 하는 마을로서 전 마을의 1300여 무(畝) 땅에 심은 것은 모두 과일나무입니다. 품종이 낙후되어 우리 마을의 과일은 한 근에 20~30십 전(毛錢) 밖으로는 팔지 못합니다. 촌민들이 1년 동안 고생해서 1무당 수입이 1000위안이면 그나마 잘한 것이었습니다. 2001년 농민들이 가난을 벗어나기 위하여 정부에서 돈을 출자하여 우리 마을의 야리(鴨梨), 광리(廣梨) 등의 배무에 대하여 모두 접붙이기를 하여 생산량과 가격이 높은 풍수배(豊水梨)와 황금배(黃金梨)로 바꾸었습니다. 많은 사람들이 하루 빨리 부유하게 되기 위하여 우리는 당지부를 주체로 유자푸촌 과수협회를 건립하고 촌서기인 저를 회장 겸임으로 추천하였습니다. 이렇게 당 지부는 저에게 이중신분을 갖게 하였습니다.

하나는 농촌에서의 당의 기층조직을 담당하게 했고, 다른 하나는 촌민들을 이끌어 부유해지는 과수협회의 담당자가 되게 한 것입니다. 회장인 저는 농민들의 돈은 한 푼도 받지 않는다는 규정을 세웠습니다! 사람들은 서로 다른 꿈이 있습니다. 농민으로서 저의 꿈은 도시사람들과 같은 삶을 사는 것입니다. 촌서기로서 저는 또 하나의 꿈이 있습니다. 그것은 바로 제 주변의 공산당원을 이끌고 농민들을 위하여 진짜 일을 하고 많은 일을 하며 실질적인 일을 하고 농민들이 공산당이 좋다고 여기게 되는 일을 하는 것입니다.

현재 우리 마을은 원근에서 유명한 부유한 촌 입니다. 촌민들은 자동차를 사고 아파트를 샀으며 태양열과 에어컨을 놓고 농가마당 안의 화장실도 도시인들이 "호텔처럼 깨끗하네!"라고 칭찬할 정도입니다. 들어보세요! 예전에 우리는 자녀양육을 통하여 노년을 대비했지만 지금은 사람들마다 양로보험을 들고 있습니다. 여러분들은 예전에 작은 병은 참고 큰 병은 짊어지고 갔지만 지금은 사람들마다 '신농합'(신형농촌합작의료)이 있습니다. 저는 공산당의 부민혜민(富民惠民)의 좋은 정책이 우리 농민을 위하여 "도시생활처럼 살게 하는 꿈"을 이루어주었다는 것을 깊게 느끼고 있습니다.

저는 마오종(毛衆)이라고 합니다. 두 달 더 지나면 만 64세입니다. 저는 베이징시 시청구(西城區) 텐차오가도(天橋街道) 텐차오단지의 문화지원자입니다. 인생은 꿈이 있어야 다채롭다고 사람들은 자주 얘기합니다. 어쩌면 누군가 "이렇게 나이가 많으신데 아직도 꿈이 있나요?" 라고 물을 수 있습니다. 저는 텐차오의 토박이이고 부모님들도 모두 텐차오의 예전 연예인입니다.

텐차오를 이야기하면 당신은 결코 낯설지 않을 것이며 베이징의 시저우청(四九城)은 모르는 사람이 없습니다. "지금부터 이야기하는 것은 바로 예전 텐차오의 번화롭고 떠들썩한 풍경입니다. 우리는 '텐차오단지 곡예단'을 설립하고 순수한 아마추어, 순수한 뿌리, 백성들이 백성들을 연기하고 백성들이 보는 것을 연기했습니다. 이런 프로그램들을 가지고 우리는 사회지역과 군영으로 그리고 양로원으로 갔으며 공연은 관중들의 호평을 받았습니다.

매번 박수가 울리고 객석이 웃음바다가 될 때마다 저는 울었습니다. 괴로워서 일까요? 상심해서 일까요? 모두 아닙니다. 그것은 감격

했기 때문입니다. 군중들이 이렇게 전통예술을 사랑하는 것을 본다는 감격이었으며 민족문화가 전승되어 광대해지는 것을 본 감격이었습니다. 지역의 문화발전에 지원한 자로서 저는 마음속으로 매우 행복합니다! 그날 저는 『베이징일보』에서 톈차오 연예원구 프로젝트건설이 정식으로 가동되었다는 것을 알게 되었습니다.

여기에는 34개의 서로 다른 풍격의 공연장을 건설할 것이며 전통문화와 현대예술이 서로 결합하는 기능을 실현할 것이다…….라는 소식을 읽었습니다. 신문을 들고 있는 저의 눈시울은 촉촉해졌습니다. 왜 그런 걸까요? 저는 톈차오에서 나고 톈차오에서 자랐기에 톈차오우 꿈은 바로 저의 꿈이고 저의 "중국의 꿈"입니다.

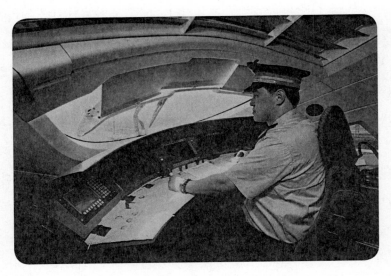

저는 리둥샤오(李東曉)이라고 합니다. 베이징철도국 베이징 기관차 사무소에서 근무합니다.

올해는 제가 고속철도를 운전한지 이미 다섯째 해입니다. 저는 매번 시속 300km의 열차 "페이샹(飛翔)"을 운전할 때 언제나 제 자신에게 '너는 고속철도 시대의 행운아이다. 너의 꿈은 실현되었다!' 라고 말합니다. 저는 톈진시 난카이구(南開區)에서 태어났습니다. 어릴 적에 저희 집 옆은 바로 기차역이었습니다. 매일 학교를 오갈 때마다 모두 쏜살같이 지나가는 열차를 볼 수 있었습니다.

제 마음속의 열차기관사는 위풍당당했습니다. 당시 저에게는 꿈이 하나 있었습니다. 바로 "언제쯤이면 나도 기차를 운전할 수 있을까?"하는 꿈 이었습니다 1994년 저는 소원을 이뤄 기관사가 되었고 디젤기관차를 운전하게 되었습니다. 그때는 백 여 년을 달린 증기기관차가 은퇴하고 새로 나온 디젤기관차로 바꾸었습니다. 제 사부는 평생 증기기관차를 운전했는데, 이런 기관차 운전실에는 3명이 필요했습니다. 정 기관사가 운전을 책임져야 하고, 부 기관사와 화부가 끊임없이 석탄을 집어넣고 물을 추가해 줘야 했습니다. 1분 동안 40여 차례나 석탄을 퍼 날라야 했고, 매번 달려갔다 오면 몸과 손에는 모두 석탄가루였습니다. 제가 신형디젤기관차를 운전하지만 당시 기차의 최고시속은 100km전후였습니다.

베이징에서 상하이까지 길게는 28시간이 필요하였고, 기차 안의 생활시설도 완벽하지 않았습니다. 그때 저와 동료들은 외국의 고속철도가 무척 부러웠고, 그것은 언제나 먼 꿈이라고 생각 하였습니다. 하지만 짧은 몇 년 안에 이 꿈이 현실로 이루어 질 거라고는 생각지도 못했습니다. 2007년 6월 전체 기관차 사무소의 3000여 명 기관사를 선발하는 경쟁에서 저는 영광스럽게 중국의 첫 번째 고속철도 기관사가 되었고, 2008년 3월 시속 300km의 고속철도가 저의 생활로 들어왔습니다. 저는 고속철도는 빠를 뿐만 아니라 더욱 안전해야 함을 압니다. 제가 운전하는 "화해호(和諧號)" 열차는 매초에 100m를 운행하므로 바람처럼 빠르기 때문에 조금도 편차가 있어서는 안 됩니다.

이렇게 빠른 열차를 잘 운전하려면 반드시 과학적인 조종방식을 잘 알아야 합니다. 저는 도보로 징진(京津)고속철도의 기차역과 철도역을 관찰하며 매 곳마다의 갈림길과 매 곳마다의 표지를 열심히 기록하였는데, 어떨 때에는 하루에 한 권을 기록하기도 했습니다. 베이징 남부기차역 동쪽은 바람이 불어오는 입구여서 큰 바람이 불 때는 열차의 안정된 운행에 영향을 끼쳤습니다.

저는 전문가에게 이곳에 방풍벽을 설치해달라고 건의하였으며 이 문제는 매우 빨리 해결되었습니다. 저는 30분간의 징진(京津, 베이징과 톈진) 도시구간 고속철도 운행을 1,800초로 세분화하여 초 단위까지 정확하게 열차조종 설명도를 제작하였습니다. 저는 또 동료들과 함께 백여 건의 열차 조정방법을 최적화하는 건의를 제시하여 점차적으로 "1800초 고속열차 조종방법"이 작성되었습니다. 이 방법은 "동샤오(東曉) 고속철도 안전집행작업법"으로 명명되어 이미 국가의 특허를 받았습니다. 현재의 고속철도는 고속, 안전, 편리, 쾌적의 대명사입니다. 한번은 70여 세 쯤 되는 승객 한 분이 오셔서 저를 찾았습니다.

누얼비에(努爾比耶) 커리무(克里木)는 위그르 족이며
베이징외국어대학 3학년 학생이다.

    그도 예전에는 기차기관사였다고 했습니다. 만난 후 그는 저의
어깨를 다독이며 "나는 평생 기차를 운전하였지만 이렇게 선진적인
것은 본적이 없네. 당신들은 좋은 시대를 만났어!"라고 부러운 듯이
말했습니다. 철도사업의 발전과 조국의 강성이 제 개인의 꿈을 이루게
하였고 고속철도 기관사가 되게 하였습니다.

    "저의 꿈은 끊임없이 창의능력을 향상하여 랴오닝(遼寧)성의 장비
제조업을 국제경쟁에서 대표기업으로 만드는 것입니다." 16년 동안
이 꿈은 선양(瀋陽)꾸펑지(鼓風機)그룹 터빈설계원의 고급공정사
쟝엔(姜妍)의 무궁한 능력을 불러일으켰다.

    공정기술자로서 쟝엔은 항상 한 가지 신념을 마음속에 깊이 새겼다.
즉 국가의 건설 사업에 공헌하려면 바로 창의적인 노동과 창조적인
노동을 통해야 하며, 지식으로 나라에 보답하고 과학기술로써 국가를

강하게 해야 한다는 것이었다. 중국의 첫 번째 에텐압축기를 주도해서 설계할 때, 쟝엔은 만 가지가 넘는 재료 중에서 -101℃를 견딜 수 있는 재료를 찾아야 했다. 그동안 그는 수천 페이지의 재료수첩에서 하나하나 찾고 또 찾았으며, 또한 많은 성능시험을 하여 마침내 주축 재질을 확정하였다.

국내의 첫 번째 백만 톤 에텐압축기의 주도적인 설계를 할 때, 쟝엔은 잇따라 14개의 어려운 문제를 돌파하고 상품의 최종 견적은 미국의 통용(通用), 독일의 지멘스와 일본 미쓰비시의 1/3밖에 안 되었다. 중국석유화공그룹의 어떤 원사(院士)는 "선양 구펑지 그룹이 있어 우리는 외국회사와 맞서 도전할 수 있었다. 선양 꾸펑지 그룹이 없으면 우리는 남들에게 당할 수밖에 없을 것이다"라고 감격해 하며 말하였다. 비록 중대한 과학연구를 해냈지만 쟝엔은 만족하지 않았다. 그는 쇠뿔도 단김에 빼듯이 백만 톤 에텐압축기의 설계경험을 부틸(butyl)고무장치, 재형 LNG장치 등 여러 개 항목의 초저온 압축기에다 응용하였다. 쟝엔의 창의는 대량의 상품수입을 막았을 뿐만 아니라 동시에 외국회사들이 어쩔 수 없이 가격을 내리게 하여 국가가 총 20여 억 달러의 자금을 절약하게 하였다. 바로 이런 창의적인 노동을 통하여 선양꾸펑지 그룹이 장비제조업 국제시장의 경쟁에 참여하는 대표기업이 되었으며, 끊임없이 외국회사의 기술독점을 깨고 '국가저울추'라는 명예를 얻었다.

사람들은 모두 이 명예 위에는 쟝엔의 이름이 있기에 가능했다고 말하곤 한다. 쟝엔은 "제 개인의 꿈과 '중국의 꿈'을 긴밀히 연결시켜 고향건설과 기업발전을 위하여 공헌해야 인생이 비로소 아름답고 꿈도 비로소 이루어진다고 생각합니다"라고 말하였다. 현재 쟝엔은 그의 팀과 함께 또 새로운 세계첨단기술을 향해 도전하고 있다. 그들은 거기에 서서 '중국의 꿈'을 위하여 힘을 낼 것이다.

꿈은 어떻게 현실로 이루어지는가?

누얼비에는 베이징과 비교했을 때 그리 발달하지 않은 신장의 쿠얼러(庫爾勒) 지역에서 태어나 어렸을 때부터 밖의 세상은 어떠한지 가보고 싶은 꿈이 있었다. 부모님들은 그에게 열심히 노력하여 대학에 진학해야 만 꿈을 이룰 수 있다고 알려주었다. 15살 되던 해에 드디어 기회가 왔다. 누얼비에는 내륙에 있는 신장의 고등반에 진학하였다. 2000년 국가에서 '서부대개발' 전략을 실시하면서 매년 수천 명의 신장변경지역의 소수민족자녀들이 시험을 통하여 베이징 등 경제발달지역의 제일 좋은 중학교에 선발되어 고등학교학업을 완수할 수 있도록 하였다.

국가에서는 매년 모든 신장 고등반 학생들의 의, 식, 주, 학비 등을 위해 몇 만 위안의 비용을 부담해 주었다. 누얼비에는 늘 동경하던 수도 베이징에 와서 창핑(昌平) 2중학교의 신장 반에서 새로운 생활을 시작하였다. 여기에서 그는 지식을 배웠을 뿐만 아니라 학교와 선생님의 관심과 사랑을 받았으며, 가족과 다름없는 따뜻함을 느꼈다. 신장 반에는 위그르족, 카자흐스탄, 커크 등 몇 개 민족이 있는데, 학습기초가 달라 처음에 왔을 때 많은 사람들은 ABC도 쓸 줄 몰랐다. 영어를 가르치는 자오(趙) 선생은 일대일로 이런 학생들을 위하여 보충수업을 해주었다. 1년 후 신장반의 학생들은 전 학년이 모두 영어시험에서 1등을 하였다. 누얼비에는 선생님의 지도 하에 베이징청소년 과학기술 창의시합에 참가하여 3등을 하였다. 이 몇 년 동안 그와 같이 신장 반에 들어와 공부하는 소수민족학생들은 4만 명이 넘었다. 90% 이상이 대학에 진학하였고 80% 이상이 중점대학에 진학하였다.

누얼비도 베이징외국어대학에 진학하였다. "내년이면 저는 대학을 졸업합니다. 저는 신장반의 친구들처럼 고향에 돌아가 부모님과 고향사람들을 도와 그들의 꿈을 이루는데 도움을 줄 계획입니다.

가오수이.

신장이 제일 필요한 것은 인재 입니다. 저는 돌아가 중국어 교육 반을 설립하여 예전에 조건이 안 되어 중국어를 배우지 못한 고향 사람들도 유창한 중국어를 할 수 있게 하여 일과 생활이 더 편리하도록 도울 것입니다.

저는 제 꿈이 더욱 더 가까워지는 것 같습니다" 라고 누얼비에는 말했다. 가오수이(高樹義)는 베이징

먼터우거우구(門頭溝區) 청즈가도(城子街道) 싱민(興民)단지의 외지에서 온 근로자이다.

하는 일은 폐품회수였다. 1993년 그는 고향인 산둥성 위타이(魚台)현에서 베이징으로 와서 일을 하였다. 지금까지 농사만 지을 줄 알던 그는 차들이 끊이지 않는 거리에 서있을 때 그 허전한 느낌을 잊을 수가 없었다. 당시 그는 "언제쯤이면 나도 이 낯선 대도시에 동화될 것이며, 언제쯤이면 여기에 나의 집이 생길까?"하고 생각하였다. 벌써 20년이 지났다. 그때의 꿈이 이미 현실로 이루어졌다.

지금의 가오수이는 자기가 외지인이라는 느낌을 가지 않는다고 했다. 단지에서 그는 집의 느낌, 집의 따뜻함을 찾았기 때문이었다. 처음 베이징에 왔을 때 그의 생각은 매우 간단하였다. 바로 노동을 통하여 돈을 좀 더 많이 벌어 가정생활을 나아지게 하는 것이었다. 하지만 베이징에 와서 가오수이는 모든 것이 상상한 것처럼 그리 간단하지 않음을 발견하였다. 학력도 없고 기술도 없어 눈뜬 소경 같은 그는 일자리를 구할 수가 없었다. 운반, 잡일, 하수도 청소 등 돈만 주면 아무 일이고 모두 했다.

어느 해 구정 전날 가오수이는 집에 갈 차비도 마련하지 못했다. 그가 임시 살고 있던 싱민 단지의 간부가 그의 어려움을 알고 그가 구정을 잘 보낼 수 있게 하기 위하여 그에게 1백 위안과 땅콩기름 한통을 주었다. 감동을 받은 가오수이는 말도 한마디 하지 못하고 그저 "감사합니다. 감사합니다"라는 말만 되풀이 할 뿐이었다. 단지의 간부는 또 그에게 단지의 폐품을 회수하고, 거리를 청소하는 일을 주었다. 이렇게 해서 베이징에서 이 몇 년간 모든 것이 낯설었던 그는 베이징의 구성원이 되었던 것이다. 가오수이는 "저의 생각은 더 이상 돈을 벌어 가족을 먹여 살리는 일에만 그치지 않고 있습니다. 저는 여기에서 인생의 가치를 실현 할 수 있기를 꿈꾸고 있습니다. 저의 아들딸들은 모두 대학에 진학하였고 딸은 졸업 후 남방으로 근무하러 갔습니다. 딸아이는 저도 거기에 가서 서로 돌봐주기를 원하지만 저는 이미 20년간 살아온 베이징을 떠날 수 없습니다. 지금 사람들은 모두 '중국의 꿈'을 실현하기 위하여 열심히 일하고 있습니다. 저도 이 '드림 팀'의 구성원이 되어 베이징사람들과 함께 꿈이 이루어지는 기회를 나누고 싶습니다. 열심히 일하면서 베이징의 아름다운 내일을 맞이하고 싶습니다"라고 말했다.

올 해 59세 되는 쟈리췬(賈立群)은 베이징 아동병원에서 초음파과의 주임으로 있다.

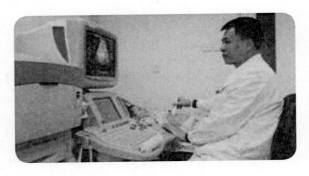

쟈리췬

아동병원에서 많은 부모들이 아이들을 데리고 와서 초음파 검사를 할 때 모두 "쟈리췬 초음파"를 지명한다. 어떤 때에는 부모들이 초음파기기를 가리키며 "의사선생님, 당신이 한 것이 '쟈리췬 초음파' 맞습니까?"라고 묻는다. "이 기기에 저를 합치면 '쟈리췬 초음파'라고 할 수 있습니다"라는 대답을 들었을 때 부모들은 그제서야 "쟈리췬"이 무슨 초음파기기 브랜드가 아니라 의사 선생님의 이름이라는 것을 깨닫는다. 아동병원에서 이미 35년간 근무한 쟈리췬은 "초음파기기를 켠 그날부터 저는 꿈이 하나 있었습니다. 바로 한 명의 아이도 누진이나 오진이 없게 하는 것입니다. 35년간 저는 2000여 명 아이들의 생명을 구하였고 7만 여건의 난치병을 확진하였으며 어떤 병은 전 세계에서도 매우 드물었습니다. 다년간 저의 진단이 비교적 정확했기에 매번 난치병을 만났을 때 의사선생님들은 모두 초음파 진찰에 '쟈리췬초음파'라고 표기합니다. 이것이 여기저기 전해지면서 '쟈리췬초음파'라는 말도 생겼습니다.

저도 의사선생님들에게 출장만 가지 않는다면 저를 불렀을 때 24시간 내에 꼭 도착하겠다고 약속하였습니다. 제일 많은 날은 밤에 19번 불려 간적도 있었습니다. 의사로서 저의 꿈은 복잡하지 않습니다. 의술이 뛰어나고 환자가 신뢰하고 만족하는 이것이 바로 저의 제일 큰 꿈과 추구하는 바입니다. 한 사람 한 사람의 환자들이 건강하고 즐겁게 퇴원하는 것을 볼 때 이것이 바로 저의 제일 큰 행복입니다. '중국의 꿈'을 실현하는 것은 우리 모든 중국인들의 공통적인 꿈이므로, 우리는 이 자리에서 열심히 실천하는 꿈을 '중국의 꿈'에 융합해야 '중국의 꿈'은 실현할 수 있습니다. 이 꿈을 위하여 저는 어떤 일을 해도 모두 당연한 것이라고 생각합니다. 더 많은 견지와 대가도 모두 가치가 있는 것입니다."라고 말했다.

유명한 도자기 예술가 주러껑(朱樂耕)은 전문적인 각도에서 말할 때 그의 "중국의 꿈"은 바로 중국인의 아름다운 추억을 다시 찾는 것이라고 하였다.

주러껑

우리의 아름다운 것을 새롭게 찾고 우리의 우아함, 우리의 고상한 예술풍미를 새롭게 찾아 우리의 사회가 물질적으로 매우 풍부할 뿐만 아니라 풍부한 정신적인 내면도 있게 하여 우리의 국가가 경제가 강성할 뿐만 아니라 예의지국이 되며 문화대국으로 되게 하는 것이 바로 그의 "중국의 꿈"이다. 백여 년 전에 서방공업문명의 도전으로 중국문화는 급격하게 추락하였고 서방열강의 포화의 폭격으로 인해 중화민족의 자신감도 많은 영향을 받았다. 우리가 유일하게 할 수 있는 일은 바로 서방에게서 배워 우리나라를 건설하는데 노력하고 중화민족의 문화부흥, 경제부흥을 찾기 위하여 노력하는 것이다. 백여 년의 노력을 통하여 특히 중국의 개혁개방 이후 중국경제는 이미 세계의 선두에서 가기 시작했고, "중국의 꿈"도 천천히 서광을 나타내기 시작하였다. 이는 중국인의 "중국의 꿈"이며 이것 또한 그가 이해하는 "중국의 꿈"이다.

　베이징시 방산(房山)구 인민법원 재판장 리리(勵莉)는 "공평주의는 모든 법률인의 신앙이다.

리리.

　꿈을 쫓아가는 길에는 깊은 법률기초가 있어야 할뿐만 아니라 재판관의 확고한 집념, 과감한 책임감이 필요하다"고 말했다. 10년 전 리리는 회사의 화이트칼라였다. 괜찮은 수입에 나름대로의 삶을 살았다. 재판관이라는 신성하고 장엄한 직업에 동경을 품고 있었기에 그는 머리에 저울을 이고 손에 망치를 든 채 법정에 앉아서 분쟁을 그치게 하는 꿈을 꾸었다. 그리하여 그는 상업을 버리고 법률을 공부하였으며 예전의 꿈도 이루었고, 현재 제일 진실하고 평범한 삶을 살게 되었다. 법원 근무 5년 중 1000여 건에 달하는 사건에 대한 판결 경험은 그로 하여금 재판관이라는 직업의 중성을 더욱 알게 하였고, 재판관들의 법치의 꿈이 무엇인지를 이해하게 되었다.

리리는 "시진핑 주석은 인민군중이 모든 사법 안건에서 공평주의를 느끼게 하도록 노력해야 한다고 밝혔듯이 재판관들은 법치정신의 전도사가 되어야 하며 공평한 판결로 더욱 많은 사람들이 법률을 신뢰하고 법치를 신앙하게 하도록 해야 한다. 법치의 꿈은 꽃과 같이 고귀하고 우아하며 그것을 성취하려면 반드시 땀과 수고를 치러야 한다, 이것이 바로 꿈을 지키는 의미이다"라고 했다.

꿈을 찾는 자의 이야기

1980년에 태어난 야오밍(姚明)은 9살 때부터 농구를 하였고 18세에 국가대표팀에 들어가 19세에 아시아에서 우승을 하고, 22세에 미국 NBA '최우수선수'의 명예를 얻은 첫 번째 아시아 농구선수가 되었다.

2002년부터 2011년까지 NBA에서 활동한 9년 동안 야오밍은 "중국의 명함"이 되었고, 가는 곳마다 "야오 돌풍"을 일으켰다. 31세

야오밍.

야오밍은 부상으로 어쩔 수 없이 은퇴를 선택하게 되었지만 그는 자기의 꿈을 계속 갖고 있었다.

"모든 사람들은 '중국의 꿈'을 가지고 있다. 나의 '중국의 꿈'은 체육이 다시 교육으로 돌아가, 교육의 일부분이 되는 것이다." 2008년 원촨 대지진 때 야오밍은 "야오 기금"을 설립하여 재해지구 건설을 도왔다.

그는 총 1600만 위안(한국돈 약 27억 원)을 기부하여 중국체육계에서 기부를 제일 많이 한 사람이 되었다. 현재 "야오 기금"은 이미 16개 희망학교를 지원 건설하였고, 2012년 또 "야오 기금 희망학교 농구대회"를 출범하였다. 야오밍은 "야오 기금"을 통하여 더욱 많은 청소년을 도와주길 희망하고 있다. "저는 체육의 힘을 믿어왔으며 이런 힘은 당신이 어떻게 승리를 할 수 있는지 가르쳐 줄뿐만 아니라, 더욱 중요한 것은 과정에서 팀의 중요성을 깨닫는 것이다."

오랫동안 중국장비제조업의 관건적인 기술, 관건적인 부품은 외국기업의 제약을 받았고, 이런 아픔을 제거하지 않으면 강성한 국가를 이룩할 수가 없다고 생각하였다. 나라에 보답하는 "중국의 꿈"을 실현하기 위하여 웨이차이(濰柴)동력주식유한공사의 "3고(高)" 테스트 팀의 팀장 창귀리(常國麗)와 그의 동료들은 청춘을 고된 작업현장에다 바쳤다. 웨이차이동력회사는 전문적인 엔진제조기업으로써 세계장비제조업의 최고를 점령하는데 보탬이 되기 위하여 2005년 "3고" 테스트 팀을 설립하였다. "3고" 테스트는 모든 엔진이 고온, 고원과 고냉의 가혹한 사용 환경에 만족하기 위하여 진행하는 테스트이다.

시험 팀의 첫 번째 주력은 바로 창귀리와 그의 동료들이었다. 그들은 대부분 외동이었고 평균연령은 27세밖에 안 되었으며 학력은 높고 고생을 해보지 않았으며 열정은 넘쳤지만 직면한 어려움도 매우 컸다. "3고" 테스트 팀은 여름에는 신장의 훠옌산(火焰山)에 올라 섭씨 50도의 고온작업을 해야 했고 피부가 벗겨지고 또 벗겨졌으며, 가을에는 해발 5000m의 칭장(靑藏)고원에 올라 고원의 반응 때문에 밥을 먹지 못했고 겨울에는 섭씨 영하 40도의 헤이룽장 헤이허(黑河)를 넘나들며 손과 얼굴은 모두 동상에 걸렸다. 팀원들은 외지에서 근무하는 시간이 가족들과 함께 하는 시간보다 훨씬 많았고 풍찬노숙은 다반사였으며 광야와 사막을 친구로 삼고 테스트 자동차와 동행하는 것은 일상이 되었으며, 어떨 때에는 강한 황사 등 극단적인 날씨의 험준한 도전과 지진과 산사태의 생사위협을 극복해야 했다.

매번 극한적인 엔진 환경시험은 모두 "3고" 테스트 팀 팀원에 대한 생명을 거는 극한시험이라고 할 수 있었다. 창귀리와 그의 팀원들은 이런 극한적인 시험을 한 기초가 있었기에 웨이차이 엔진의 각항 기술지표가 외국 선진기업의 디젤유 엔진과 완전히 어깨를 겨눌 수 있다고 자랑스럽게 얘기하였다. 창궈리는 "청춘은 꿈을 쫓아가야 한다. 젊은 사람들은 일자리를 소중히 여기고 성심을 다해야 하며 개인의 노력을 민족의 위대한 포부에 융합해야 하고, 청춘을 국가의 전략적인 발전에 융합하여야 개인의 노력이 더욱 깊은 가치와 의의가 있으며 더욱 견고한 기초, 더욱 광활한 무대, 더욱 아름다운 미래가 있다"고 여겼다.

젊었을 때의 리쏸커(李栓科)는 엄격한 선발을 통하여 중국과학원이 조직한 남극, 북극 칭장고원 과학탐사대에 발탁되었고 또 중국의 첫 번째 북극 과학탐사대 대장이 되었다.

리쏸커.

1997년 그가 처음 『지리지식(地理知識)』을 접했을 때 잡지 발행량은 2만 권도 안 되었다. 2000년 『지리지식』은 정식으로 명칭이 『중국국가지리』로 바뀌었고, 잡지 컨셉은 과학보급 잡지에서 과학미디어로 향상되었다. 리쏸커는 "우리가 국제적인 같은 업계와 비교했을 때, 제일 좋은 것을 가질 수 있었던 것은 자연적으로 생성된 중국의 지리자원이 너무 풍부했다는 것이다. 전 세계의 10대 자연생태체계가 중국에 9개 있으며, 어느 나라도 중국을 초월할 수가 없는 지리의 제일 뛰어남이 있었기에 차별성에 있다는 점이었다. 대신 중국의 과제는 너무나 많다"고 하였다. 현재 『중국국가지리』의 월평균 발행량은 80만에서 90만 권이며, 70%는 간행물 판매가게에서 판매한다. 리쏸커의 팀은 또 『중국국가지리』 청소년버전 『박물』 잡지를 창설하고 『중화유산』 잡지를 편집출판 하였으며, 발행회사, 광고회사, 영화회사, 도서회사, 그리고 핸드폰신문, 사이트, 전자잡지, 이동단말기 다운로드 등을 설립하였다.

그는 잡지가 빠르게 발전하는 제일 큰 외적인 요소는 중국인이 부유해졌기 때문이라고 여겼다. 10여 년간 문화체제의 개혁은 전통신문잡지에 새로운 활력을 가져다주었다. 『중국국가지리』는 타이완의 번체버전, 홍콩마카오의 번체버전, 일본어버전, 영어버전 등을 출시하여 국내에서 처음으로 선진국과 지역에 완전하게 저작권을 수출하는 잡지가 되었다. 2003년에서 2006년까지 『중국국가지리』는 빠른 성장기에 들어섰으며 매년 4배 성장하였다.

2008년에서 지금까지 잡지는 안정적인 성장기에 들어섰으며 매년 8%~9%의 성장속도를 유지하여 중국경제발전의 곡선과 매우 비슷하였다. 리쏸커는 우리가 목표로 하는 독자는 좋은 교육을 받아 성숙한 인생관과 가치관이 있고 열정과 꿈이 있는 사람들이라고 했다.

사회경제의 발전에 따라 이 단체는 끊임없이 확대될 것이며 이는 우리 잡지의 발행량, 영향력을 진일보 확장시킬 것이다. 좋은 과학미디어는 '느낌표'가 있어야 할뿐만 아니라 또한 '물음표'도 있어서 사색, 사변, 상상을 불러와야 한다. 우리의 목표는 강한 과학미디어기구가 되는 것이다. 현재 중국은 아직 없지만 미래에는 꼭 있을 것이다! 쑨헝(孫恒)은 도시로 가서 일하는 사람들에게 서비스하는 민간공익조직인 '노동자의 집' 창시자이다. 그와 많은 동료들의 꿈과 희망은 도시에서 안정된 생활을 하는 것이다.

쑨헝.

쑨헝은 "2002년 '노동자의 집'을 시작한 날부터 노동자를 위하여 서비스한 지가 벌써 10년이 넘었습니다. 10여 년간 노동자의 생존환경이 많이 개선되었습니다. 예를 들어 10년 전에는 임금체불현상이 매우 보편화 되어 있었습니다. 우리 노동예술단에서 발행한 첫 번째 음반에는 『일심 단결하여 임금을 받자』라는 노래가 있습니다. 하지만 지금 이런 현상은 이미 많이 감소되었습니다. 10년 전 수용송환제도가 아직 폐기되지 않아 저는 밤에 작은 셋집에서 잘 때 안에서 문을 잠가야 했습니다. 이런 변화는 우리가 갈수록 도시에 뿌리를 박을 꿈을 꿀 수 있게 하였습니다. 하지만 현실과 비교했을 때 꿈은 여전히 '뿌리가 없는 꿈'이었습니다. 저는 1998년 중학교 음악교사의 직업을 버리고 베이징에 온지 지금까지 15년이 되었습니다. 집 구매는 말할 것도 없고 셋집도 점점 힘들어져 가고 있습니다. 우리가 창립한 도시에 들어온 노동자 자녀학교 동심학교에 어떤 학생은 3년간 20번이나 집을 이사했습니다. 어떤 노동자는 3환이 번잡해지면 4환으로 이사 가고, 4환이 번잡해지면 5환, 6환으로 이사 간다고 말했습니다.

도시화의 과정은 또한 우리의 비주류화 과정이기도 합니다"라고 회고하며 이야기하였다. 중국에는 "주거가 안정되어야 즐겁게 일할 수 있다"는 속담이 있다. 쑨헝은 상대적으로 안정된 상태가 안 되면 노동자들은 도시에 대하여 정체성, 소속감이 생길 수 없다고 했다. 이는 큰 문제라고 여겼다. 어떤 통계자료에서는 50세 이상의 도시에 들어온 노동자들은 3,600여 만 명이 있다고 했다. 하지만 그 중에 많은 사람들은 도시에서 사회보장보험이 없다. 기본적인 보장이 없기에 도시에서 살아남기가 어렵다. 쑨헝이 처음에 베이징에 왔을 때 꿈은 자기만의 길을 찾는 것이었다.

"지금 저는 이 길을 찾았고 많은 사람들과 단결하고 있으며, 노동자로서의 서비스를 통해 자기의 인생가치를 실현하였습니다.

노동자 예술단에서 노동자 자녀학교, 노동자 박물관, 노동자 설공연까지 꿈은 한걸음 한걸음씩 앞으로 나가고 있습니다. 우리는 현재 노동자아카데미를 시작하였고 금년에 노동자 문화예술축제를 하고자 합니다. 하지만 저의 꿈도 마찬가지로 뿌리를 내려야 합니다. 예를 들어 10여 년이 되었지만 '노동자의 집'은 여전히 '공상등록' 신분입니다.

작년에 민간조직의 등록조건이 완화되었다고 듣고 가서 물어보았지만 거부당했습니다.

정책은 있지만 아직 실행 전이랍니다." 쑨헝은 "나의 작은 꿈은 2.6억 명 노동자들의 큰 꿈과 연결되어 있습니다. 비록 지금 보기에는 아직 '뿌리가 없는 꿈'이지만 사회의 발전에 따라 더욱 많은 사람들의 관심과 지지에 의하여 이런 꿈은 기필코 뿌리가 생기고 싹이 나서 제일 아름다운 꽃이 피어나야 할 것입니다"라고 확신하였다.

나는 꿈과 함께 성장했다

징동팡(京東方)과학기술그룹주식유한공사 회장 왕동성(王東升)은 "'중국의 꿈'은 중국인민의 꿈이며 또 중국기업의 꿈이기도 하다"라고 하였다. 국가의 꿈, 기업의 꿈, 개인의 꿈은 상부상조하며 긴밀히 연결된 유기적 일체형이다. 20년 전 덩샤오핑의 남방담화정신의 격려 하에 왕동성과 동료들은 산업으로 보국하는 열정과 이상을 품고

신형주주제 회사-징동팡과학기술주식유한회사를 설립하였다. 20년의
비바람을 맞으며 노력하여 징동팡은 이미 발명특허, 순 이율, 출고량
등의 방면에서 세계의 선두에 올랐으며, 전 세계 반도체 디스플레이
영역에서 절대적인 선두주자가 되었다. 20여 년 노력의 역정을
돌아보면서 그는 오직 창의성만이 중국기업이 전 세계 산업의 상품
세대교체와 기술이 새로워지는 발걸음을 따라갈 수 있으며, 세계
우수한 기업으로 발돋움하여 존중을 받고 미래를 장담할 수 있음을
깊게 깨달았다. 기초연구와 기술창조로 끊임없는 노력과 견지를
통하여 징동팡은 마침내 난관을 이겨내고 적자에서 흑자로 바뀌면서
지속적인 수확기에 들어섰다. 산업이 강해야 국가도 강하며 기업이
흥해야 민족도 흥한다. 왕동성은 "저는 행운아라고 생각합니다.
사람마다 성공할 기회가 있고 일을 해낼 수 있는 시기가 있는 법인데
저는 그 시기를 만날 수 있었기 때문입니다.

왕동성.

중화민족의 위대한 부흥을 실현하는 과정에서 저와 저의 동료들은 경외심과 감사함을 가지고 계속 노력하고 지속적으로 창조하여 하루빨리 징동팡을 활력과 가치창조력이 넘치는 사람들의 존경을 받는 위대한 기업으로 만들어 창의적인 중국의 꿈을 실현하는데 새로운 공헌을 하습니다."라고 하였다.

개혁개방, 시장경제는 많은 사람들의 창업 꿈에 불을 지폈다. 오늘 중국의 마이크로기업은 기업총수의 90%이상을 차지하고 그들이 창조해낸 상품과 서비스는 국내 생산총액의 60%에 달하며 납세액은 국가세수총액의 50%를 차지하고, 또한 그들은 80%이상의 도시취업을 창조하였다.

칭다오(青島)다탕잉동(大唐盈動) 브랜드홍보전파유한공사 총경리인 뤼잉(呂英)도 이 사람들 중의 일원이다. "창업의 꿈"과 청춘을 품고 6년 전 뤼잉과 몇 명의 친구들은 개인가정집에서 자기들의 홍보회사를 차렸다. 사무실에는 오직 컴퓨터 2대, 프린터 1대밖에 없었다. 처음의 혼자에서 현재의 여러 명까지 무명에서 올림픽 경기의 관련기획까지, 회사의 아주 작은 성장도 모두 몇 명의 꿈을 좇는 사람들의 노력이 응집되어 있다. 그는 "저의 꿈은 매우 큽니다.

업계의 선구자가 되는 것이고 저의 꿈은 매우 현실적입니다. 현재 눈앞에 놓인 저의 창업의 꿈을 크고 강하게 만드는데 영향을 끼치는 '유리벽'을 무너뜨리는 것입니다"라고 말했다. 마이크로기업에게 돈은 제일 큰 "속박수단"이다.

대출금액이 적고 대출주기가 빠르며 신용정보의 파악이 어려워

융자 영역에서 마이크로기업은 "2등 공민"이 되었다. 마이크로기업의 세금부담도 매우 크다. 마이크로기업의 세율은 대기업과 거의 비슷하다.

교육부가세 도시건설유지비 등 기업소득세만 해도 머리가 아프다. 뤼잉과 동료들은 공평경쟁의 환경을 기대하고 있다. 하지만 입찰하는 많은 기업들이 신청자본금, 직원인수, 재무제표의 제한이 있어 마이크로기업은 기본적으로 가로막혀 있다. 일부 경제자극정책도 왕왕 국유기업에 치우쳐 민영기업은 지원 받기가 쉽지 않으며 마이크로기업은 더욱 어렵다. 온갖 방법으로 "마이크로"가 버티는 게 이미 공감대가 되었고 사회의 목소리만 갈수록 커질 뿐만 아니라 중앙영도들도 여러 차례 전문적으로 마이크로기업의 발전을 지원하는 연구조사를 하였다. 2012년 국무원은 많은 마이크로기업 발전을 돕는 조치를 발표하고 2013년 12대 인민대표대회의 『정부업무보고』에서는 금융기구를 유도하여 마이크로기업의 금융 지지를 강화할 것을 밝혔다.

중앙재정에서 출자하여 국가중소기업발전기금을 설립한 것과 은행감독원에서 『마이크로기업의 금융서비스를 심화하는데 관한 의견』을 출범시킨 것은 뤼잉과 마이크로기업 종사자들로 하여금 국가차원의 격려와 따뜻함을 느끼게 하였다. 뤼잉은 마이크로기업의 비전에 대하여 자신감이 넘쳤다. 그는 "사회주의 시장경제의 제일 우선 지원대상자로서 많은 마이크로기업은 모두 강한 집념으로 생존과 발전을 하고 있다.

햇살이 이미 비추고 있으며 문도 조금 열렸다. 힘을 더한다면 문을 완전히 열 수 있을 것이다. 정책기회를 잘 포착하여 열심히 창의성을 견지하면 마이크로기업은 반드시 '유리문'을 깨고 창업의 꿈을 더욱 무럭무럭 자라게 할 수 있을 것이다"라고 예견했다.

25년 전 신동팡교육과학기술그룹의 창시자 위민훙(兪敏洪)은 "미국의 꿈"이 하나 있었다.

위민훙.

당시에 베이징대학에서 영어교사를 하고 있던 그는 친구들처럼 미국 유학을 꿈꾸고 있었다. 그는 여러 대학의 오퍼를 받았지만 장학금을 받아도 3~4만 달러를 받았기 때문에 학비는 아직도 몇 천 달러가 모자랐다. 이 몇 천 달러를 구하기 위하여 그는 학교 밖에서 돈을 벌었다. 결국 학교에서 이를 알게 되어 그에게 퇴학 처분을 내렸다. 1991년 위민홍은 베이징대학을 떠나 어떤 초등학교에서 10㎡ 정도되는 작은 방 한 칸을 임대하고 "신동팡"을 설립하였다.

직원은 오직 두 명, 그와 그의 아내였다. 90년대 중국은 유학열풍이 불었다. 1995년에 "신동팡"의 수입은 이미 천만 위안이 넘었다. 이때 위민홍은 그의 "미국의 꿈"을 버렸다. 그는 이미 "신동팡"이라는 젊은 학자들의 유학의 꿈을 실현되도록 도와주는 사업을 포기할 수 없었기 때문이었다.

그의 "절망 중에서 희망을 찾다"라는 명언은 많은 학자들의 좌우명이 되었다. 2006년 신동팡교육과학기술그룹은 미국뉴 욕중 권거래소에서 상장하였고, 개장오퍼가 22달러로 발행가 보다 46.7% 많게 상장되었으며, 회사의 31.18%주식을 보유한 회장 위민홍의 개인자산은 18억 위안을 넘었다. 억만 부호 위민홍의 다음 꿈은 "비영리 개인대학을 건설하여 전 세계에서 제일 좋은 교사진을 보유하고 사람들에게 제일 좋은 교육을 제공하는 것이다."

스모그와 PM 2.5함량이 기준치를 초과할 때 사람들은 머리를 짜내 각종 방법을 생각하여 자신들의 건강을 보호하려고 한다. 류이(劉屹) 박사와 그의 '아이커란'팀이 개발한 선택성 촉매환원기(SCR)와 과립물포집기(顆粒物捕集器) DPF는 공기 중의 오염물질을 PM2.5 낮추는데 큰 도움이 되었다. 그는 "우리가 개발한 SCR과 DPF시스템은 촉매 환원, 여과 포집(捕集), 자동재생, 전자통제 등 선진기술을 통하여 95%의 질소산화물과 PM 2.5를 낮춰 하늘이 더욱 푸르고 공기를 더욱 맑게 합니다"라고 자신했다.

류이 박사는 이 기술은 자동차 배기처리라는 세계적인 난제를 돌파하여 국내의 기술 공백을 메웠다고 했다.

류이(우측).

류이는 완난(皖南, 안휘 남부)의 산악지역인 자그마한 현성에서 태어났다. 그의 증조 외조부는 혁명열사였고 외조부는 원로 홍군(紅軍)이었으며 할아버지와 아버지도 모두 전국 노동모범자였다. 이런 환경에서 자란 류이는 어렸을 때부터 열심히 공부하는 것은 바로 국가에 보답하기 위한 것이라는 신념을 세웠다. 자신의 '실업보국'이라는 염원을 실현하기 위하여 아무리 어렵고 아무리 고생스럽다 하더라도 그는 끝까지 노력하였다. 2008년 8월에 4년이라는 짧은 시간을 통해 미국

오하이오주립대학의 석사와 박사학위를 딴 류이는 나라에 보답하는 마음을 가지고 미국 다케다(武田) 제약회사에 취직한 아내와 함께 고향 안후이(安徽)로 돌아왔다. 그들은 안후이 아이커란(艾可藍)에너지절약환경보호과학기술유한공사를 설립하 였다.

류이와 그의 팀이 창업초기의 어려움에 직면했을 때 지방정부는 그에게 2000만 위안의 가동지원자금을 제공했을 뿐만 아니라 4400㎡의 표준화공장과 600㎡의 직원숙소를 제공하였다. 프로젝트가 성공적으로 이루어졌을 때 류이와 동료들은 눈물을 그치지 못했다. 류이는 "그 때 우리는 여기가 바로 우리의 따뜻한 집이라는 것을 알았어요." 라고 했다.

귀국 후 비록 많이 힘들고 바빴지만 자기의 선택에 대하여 류이는 한 번도 후회한 적이 없었다. 그는 "외국에서는 직업이지만 귀국 후 느낌은 사업입니다. 우리 팀과 함께 성장하는 것이 너무 즐겁습니다. 기업이 하루하루 성장하는 것도 매우 즐겁습니다"라고 말했다. 류이와 그의 팀은 자동차 배기정화 처리영역에서 이미 선진국과 벌어진 20년 거리를 기술적으로 5년 안으로 당겼으며 산업적으로 10년 안으로 당겼다.

PM2.5 정화와 질소산화물탈질 기술방면에서 "아이커란"은 이미 국제 선진국 수준을 따라잡아 외국기업이 이 영역에 대한 독점을 깨뜨렸으며 중국자동차에너지절약 환경보호산업에 실질적인 공헌을 하였다. 류이는 "아이커란"이 성공한 이유는 "우리는 우리의 방향을 놓지 않을 것이며 우리의 창의성을 포기하지 않을 것이며 창의성만이 우리의 제일 큰 재부입니다" 라고 말했다.

2013년 초 38세의 제홍윈(揭紅云)은 마침내 17년간 줄곧 그를 괴롭히던 일을 해결하고 정식으로 광동성 중산시(中山市)의 시민이 되었다. 17년 전 중등전문학교를 졸업한 그는 급여가 높고 좋은 직업을 찾아 거주조건을 개선한다는 생각을 가지고 후난 (湖南) 농촌에서 중산시로 왔다.

그는 보통 현장직원에서 시작하여 창고관리직원도 하였으나 마침내 공예품 회사의 문서 처리 직원이 되었다. 17년간 그는 8명이 함께 하는 단체숙소에서 결혼한 후 10여 ㎡되는 단칸방을 임대해 생활하다 마침내 5년 전 남편과 함께 주택기금대출을 이용하여 중산시에 100여 평의 아파트를 한 채 샀다.

하지만 그는 줄곧 살고 있는 도시에 진정으로 융합되었다는 느낌이 없었다. "비록 의료, 사회보장보험 등은 회사에 출근하면서 모두 가지고 있었지만 중산 시 호적이 없었으므로 무엇을 해도 불편하였다." 유동인구증, 계획출산증, 자녀공부증명, 심지어 홍콩마카오통행증을 발급받을 때도 고향에 돌아가 수속을 해야 했다. 그는 자기가 묵묵히 노력하고 있는 이 도시의 각종 공공자원을 진정으로 누리는 진정한 시민이 되고 싶었다.

2009년 중산시는 유한한 공공자원을 어떻게 외지노동자에게 분배할 것인가에 관한 문제를 해결하기 위하여 전국에서 앞장서 점수누적입호제도를 출범하여 외지노동자의 납세, 주거, 사회보장보험참여, 교육수준 등을 모두 점수로 환산하여 일정한 점수에

도달하면 중산 시에 호적을 올릴 수 있고 시민혜택을 누릴 수 있게 하였다. 2010년 그는 처음 점수누적입호를 신청하였다. 하지만 그의 점수는 97점이어서 들어가지 못했다.

제홍윤은 매우 다급했다. 아들의 교육문제가 이미 눈앞에 와 있었기 때문이었다. 현지호적이 없었으므로 외지노동자의 자녀들의 취학은 많은 제한을 받았다. 고향에 가서 학교를 다니면 아이는 유수아동이 된다. 중산시 유동인구관리사무실의 직원은 그에게 "당신은 기술학교에 들어가 기술을 배워 더욱 높은 점수를 따낼 수 있습니다. 봉사에 참여하고 지원자가 되며 심지어 의무헌혈을 하면 점수를 추가할 수 있습니다"라고 알려줬다.

그리하여 그는 사회봉사에 참여하기 시작하여 2011년이 되었을 때 그의 점수는 기준 점수에서 조금 모자랐다. 소방지원자를 하면 최고 55점을 얻을 수 있다는 얘기를 듣고 제홍윤은 중산시 소방대대의 지원자가 되어 거리에 나가 소방안전 주의사항 전단지를 돌리고 기층기관에 가서 안전지식을 강의하며 주택에 가서 소방안전위험을 검사하였다. 2012년 세 번째 신청하였을 때 제홍윤의 점수는 197점이였으며 중산시에 호적을 올릴 수 있는 기준에 도달하였다. "아들은 조건이 좋고 무료인 공립학교에 들어갔습니다.

또한 이후에도 고향에 돌아가 대학시험을 치르지 않아도 됩니다. 그는 "저는 드디어 미래를 걱정하지 않아도 됩니다. 저는 한동안 직장을 그만두고 새롭게 저의 미래의 길을 계획하고 싶습니다"라고 말했다. 점수누적입호정책을 실행한 이래 중산시는 약 2만여 명의

유동인구가 호적을 올렸고 그중 거의 절반은 제홍윤처럼 학력이 높지
않은 보통 노동자였다.

이 정책은 이미 광동성에 전면적으로 보급되고 기타 성시에서
참고하고 있다. 현재 전 광동성에 점수누적을 통하여 호적을 올린
외지노동자는 이미 30만 명 정도나 된다.

3

중국의 길을 갈 것인가
아니면 남의 길을 갈 것인가?

중국의 길을 갈 것인가
아니면 남의 길을 갈 것인가?

"중국의 꿈"을 실현하려면 반드시 중국 특색의 사회주의 길을 견지해야 한다. 우리는 이미 이 길을 30여 년간 걸어왔다. 역사가 증명하듯이 이 길은 중국 국정에 부합되고 인민을 부유하고 국가를 강하게 하는 정확한 길이다. 우리는 이 길을 따라 변함없이 걸어갈 것이다.

- 시진핑

중국의 발전은 무엇을 의지하여 어떤 깃발을 들고 어떤 길을 걸어야 하는가는 중국이 존재하는 한 영원히 없어지지 않는 논쟁 중의 하나이다. 앞으로의 중국도 이 논쟁 중에서 끊임없이 옳고 그름을 밝히고 선택을 하며 앞으로 나아갈 것이다.

웅장하고 험준한 관문을 기억하는가?

　중국의 발전을 토론하려면 역사를 회피할 수 없다. 하지만 중국의 역사는 고난과 눈부심이 공존한다. 이는 중화민족의 단체 기억이며 중화민족의 찬란함에서 굴욕으로, 또다시 독립해방의 역정까지 기록하고 있기 때문이다.

　5000년의 회고 - 부흥을 실현하는 것은 모든 민족이 다 밝힌 과제가 아니다. 중국이 민족부흥을 실현하는 것을 희망하는 것은 우리에게 아주 찬란한 역사가 있기 때문이다. 기나긴 역사 진행 과정에서 중화민족은 장시간 세계의 선두에서 걸었고 인류문명의 발전에 지울 수 없는 큰 공헌을 하였다. 량치차오(梁啓超)는 중국역사를 세 단계로 나누었다. 첫 번째는 '중국의 중국'이다. 염황 5제에서 진시황까지는 중화민족의 형성기이며 선진제자문학을 대표로 하였다.

　두 번째는 "아시아의 중국"이다. 진한부터 청나라 말기까지는 중화민족의 성숙기이다. 유가문화를 대표하였다. 이런 문화정신은 심지어 동아시아의 주변국가에 영향을 끼쳤다. 예를 들어 조선, 베트남, 일본은 제일 많은 영향을 받았다. 세 번째는 "세계의 중국"이다. 청나라 말기부터 서방열강의 군함이 들어왔고 대포가 중국의 닫힌 문을 열었다. 중국은 어쩔 수 없이 세계를 알게 되었고 또 세계를 향하여 가기 시작했으며 중국문화도 반드시 서방문화와 서로 교류하고 융합해야 했다.

옌안의 자오원(棗園)의 혁명 구지에 있는 마오쩌둥, 류샤오치, 저우언라이 등 원노 무산
자계급혁명가들의 동상. 1935년에서 1948년까지 중국혁명은 고난으로부터 서서히 승리
를 향해 걸어갔다. 중국공산당은 약소함에서 강대함으로 나아갔다. 옌안은 이러한 시기
의 역사를 잘 보여주고 있다. 동시에 불후한 옌안정신을 주조해 주었다. 오늘날 옌안정신
은 여전히 특수한 매력으로 새로운 시대의 청년들을 흡수하여 영향을 주고 있다. 장하이
어우(張海鷗)가 촬영함.

　　영국학자 앵거스 매디슨은 『세계경제천년사』에서 중국은 기원
1000년부터 국내 총생산액은 줄곧 세계의 1/5이상을 차지했다고
예측하였다. 빈약했다고 하는 송나라(960~1279)때도 세상에서
가장 부자였고 GDP총액은 당시 세계의 1/3을 차지했다. 제1차
아편전쟁(1840~1842) 이전의 수백 년간 세계의 중심은 아시아에
있었고 아시아의 중심은 동아시아에 있었으며 동아시아의 중심은
중국에 있었다. 전 세계 50만 이상 인구의 대도시가 당시에 모두

10개 있었는데 중국이 6개를 차지하였다. 당시의 중국은 세계발전을 추진하는 모터였으며 세계경제발전의 엔진이라고 말할 수 있었다.

오래도록 이어온 중화문명은 세계의 많은 고대문명 중 매우 독특하며 탄생부터 줄곧 발전하여 지금까지 사전문명에서 현대문명의 완전한 진화 발전과정을 가지고 있다. 하지만 역사의 별들에서 반짝였던 두 개의 강 유역문명인 고대 이집트문명, 고대 인도문명은 점차적으로 쇠약해져 없어졌다. 인류문명에게 둘도 없는 중화문명은 한 개의 기본선이 되었다.

선진에서 한당, 송명까지 중화문명은 4대 발명을 대표로 하는 인류문명의 역사발전의 진행을 크게 추진케 하였다. 사상문화 영역에서 유가를 대표로 하는 전통문화는 17세기에서 18세기에 유럽으로 전파되어 100여 년 동안 중국문화열기를 불러일으켰다. 유가사상과 이탈리아의 문예부흥 후에 형성된 유럽의 새로운 사상은 서로 결합되어 계몽사상의 중요한 사상원천이 되어 근대 유럽사상문화의 형성과 방향에 영향을 끼쳤다. 동시에 중국의 전통문화는 중국을 중심으로 하는 동아시아의 여러 나라 및 동남 아지역의 일부 나라를 포함한 유가문화권의 형성을 촉진시켰고, 세계 문명의 발전에 적극적인 영향을 끼쳤다.

공자.

16세기 중후기에서 17세기 초까지 이탈리아인 마테오리치는 서방종교와 천문, 수학, 역산, 지리, 수리, 건축, 기계를 포함한 근대과학기술 및 음악, 회화를 중국에 소개하였다. 서방문화의 대규모 전파는 명나라 말기에서 청나라 초기의 중국사상문화의 중대한 변화를 초래하였다. 이런 인류문명의 우수한 성과는 이미 중국의 문화에 융합되어 중국전통문화의 구성부분이 되었다. 역사를 돌이켜보면 중화문명이 끊임없이 번성한 중요한 원인은 바로 계승식 창의에 있었다. 버리는 동시에 새로운 것을 발명　던 것이다.

1842년 중국과 영국 상방은 영국함인 '한화려(漢華麗)'호에서 '난징조약'을 체결했다. 이는 중국역사상 외국과 체결한 첫 번째 불평등조약이었다. 이로부터 중국은 서서히 반식민지 반봉건국가로 전락해 갔다.

170년의 회고 - 자본주의 생산방식이 시작되면서 근대공업혁명의 발걸음은 빨라졌다. 하지만 중국은 제때에 세계문명의 발걸음을 따라가지 못하고 자체 봉쇄한 봉건통치자들은 여전히 옛날의 찬란한 "천조상국"의 꿈에 빠져있었고, "만방이 예를 취하러 오기"를 기다렸다.

덩샤오핑은 이때의 역사를 이야기할 때 "만약 명나라 중엽부터 계산하면 아편전쟁까지 300여 년을 쇄국했고, 만약 강희제 때부터 계산해도 근 200년이 된다. 장기간의 쇄국은 중국을 빈곤낙후, 우매무지하게 만들었다"라고 했다.

하지만 중국봉건통치자들이 기다려온 것은 결국 군함과 대포의 서방열강이었고 망국의 재앙이었다. 1840년 폭발한 제1차 아편전쟁은 중국의 문을 열었을 뿐만 아니라 "천국의 꿈"도 깨뜨렸다. 세계에서 홀로 일등을 차지하고 오랑캐들이라고 무시했던 "천조상국"은 순식간에 제국주의 열강들이 나누어 가지는 국가가 빈곤하고 군사가 약한 반식민지 반봉건국가가 되었다. 겨우 50, 60년 사이에 동 서방 열강들은 침략전쟁을 통하여 청나라를 강박하여 많은 불평등조약을 체결하게 하였으며, 중국에서 광폭한 약탈을 행하였다. 중화민족이 겪은 굴욕과 고난은 세계사에서 드물고 예전의 찬란함을 더 이상 구가할 수 없게 하였다.

서방열강과 제국주의의 중국에 대한 침략은 굴욕을 가져다주는 동시에 중화민족의 민족의식과 민족정신을 불러일으켰다. 시진핑 주석은 모든 중국인은 그때의 역사를 생각하면 모두 마음이 아프다고 말했다. 그리하여 중국인은 언제나 민족부흥이라는 마음의 매듭과 열정이 있게 되었는데, 이는 일종의 정신동력이었다. 근대에서 민족부흥은 특수한 의미가 있다. 첫째는 민족독립을 실현코자 한 것이고, 두 번째는 국가부강을 실현하는 것이었다.

일부 선진 지식인의 깨우침으로 인하여 중국인은 "천조상국"의 꿈에서 깨어나기 시작하였다. 1894년 손중산은 "진흥중화"라는 구호를 크게 외치며 세계를 향하여 중화 아들딸의 위대한 꿈을 뚜렷하게 밝혔다.

민족부흥을 위하여 많은 뜻이 있던 사람들은 오랜 기간 탐구를 하고 연전연패, 연패연전했지만 단 한 번도 분투노력하는 것을 멈춘 적이 없었다. 마오쩌둥은 "1840년 아편전쟁 실패 후부터 앞서가던 중국인은 천신만고를 겪으면서 서방국가에서 진리를 찾았다. 홍수전, 캉유웨이, 옌푸와 손중산은 중국공산당 탄생 전에 서방에서 진리를 찾았던 대표인물들이다"라고 밝혔었다. 서로 다른 계급, 서로 다른 사회계층, 서로 다른 정치역량은 중국의 위기를 직면하게 했고 각종 실천을 진행케 했다.

그 중에서 중국문제를 해결하는 방안을 찾을 수 있기를 희망하였다. 예를 들어 양무운동을 통하여 "오랑캐에게 배워 오랑캐를 제압하고", "중체서용" 함으로써 서방열강의 군함과 대포를 배워 국가를 부강하고 군대를 강하게 하는 꿈을 실현하기를 희망하였다. 또 일본의 메이지유신을 배워 봉건군주의 "유신신정"을 했었다. 무릇 이런 갖가지들은 하나만이 아니었다. 결과는 무엇인가? 한 차례 또 한 차례의 침통한 교훈이었고 봉건통치자들의 한 차례 또 한 차례의 무정한 진압이었으며, 한 번도 예외가 없는 실패였다.

신해혁명은 자산계급민주혁명으로 봉건군주제를 뒤엎었다. 천지개벽이라고 할 수 있었으며 중국은 마치 조금 진보하는 듯한 빛을 본 것 같았다. 하지만 중국민족자산계급 자체의 연약, 타협 때문에 그들은 제국주의와 봉건주의에 지나치게 의지했고, 인민대중의 힘을 무시하여 결국 가져온 것은 국가가 여전히 사분오열되고 전쟁이 빈번하며 인민들은 여전히 도탄 속에서 생활하게 하였다. 중국은 생존을 도모했지만 너무나 환경이 어려워 발전은 말하는 것조차 버거울 지경이었다. 1921년 중국공산당이 탄생하였다. 이후에 중국인민은 중국공산당의 영도 하에 제국주의, 봉건주의와 관료자본주의 "3대산"을 뒤엎고, 옛 중국의 반식민지 반봉건사회의 역사를 철저히 끝내고, 옛 중국의 모래처럼 흩어졌던 국면을 철저히 끝내며, 중화인민공화국을 성립하여 중국의 수천 년간 봉건전제에서 인민민주제도의 위대한 약진을 실현하였고, 국가의 통일과 각 민족의 전례 없는 단결을 실현하였다. 신 중국의 성립은 인민이 국가가 되고 사회와 자기운명의 주인이 되며 중화민족은 진정으로 민족부흥의 길을 걸었다.

60년의 회고- 마오쩌둥은 "캉유웨이는『대동서』를 썼지만 대동(大同)에 도달하는 길을 찾지도 찾을 수도 없었다"라고 말한 적이 있다. 마르크스레닌주의, 사회주의만이 역사의 빛처럼 중국의 무대를 밝혔고 중국인이 전진하는 길을 밝혔다. 오직 중국공산당이 천신만고를 겪고 찾아낸 중국특색의 사회주의 길만이 "중국의 꿈"을 실현하는 길이다. 중국혁명 승리의 직접적인 결과는 "중국인민은 지금부터 일어섰다"라는 것이었다. 신 중국 성립 후 어떻게 중국을 건설할 것인가는 첫 번째의 중대한 일이 되었다. 우리가 직면한 것은 만신창이가 된 국면과 국민생산총액이 미국의 7%, 중공업은 거의 0이고, 경공업은 소수의 방직업이며, 80%의 사람이 문맹이고, 960만㎢되는 땅에서 많은 지역은 여전히 봉건농노제단계 또는 노예제단계에 처해있었으며, 많은 지방은 아직도 "화전경작"이었다.

마오쩌둥은 "지금 우리가 무엇을 만들 수 있나? 책상 의자를 만들 수 있고, 주전자 찻잔을 만들 수 있으며, 양식을 심을 수 있고, 밀가루도 갈 수 있으며, 종이도 제조할 수 있다. 하지만 자동차 한 대, 비행기 한 대, 탱크 한 대, 트랙터 한 대도 만들 수 없다"라고 탄식하였다. 그뿐만 아니라 중국은 외부세계의 정치고립과 경제봉쇄를 받았다.

기초가 없고 후원이 없으며 경험이 없는 신 중국은 반드시 허리를 펴고 탐색하며 앞으로 나아가야 했다. 이 가운데 성공한 경험도 있었고 침통한 교훈도 있었다. 성공한 것은 사회주의 기본제도를 확립하고 동시에 비교적 완전한 국민경제체계를 구축하였다. 실패한 교훈도 중국인들이 마음속 깊게 새기게 하였다. 그것은 바로 각 업계에서 맹목적으로 소련의 건설방식을 따라 하고 '대약진운동'을 벌이면서 밥하는 솥, 농사짓는 쟁기를 모두 가져가 철을 생산했으며, "무당만근(畝當萬斤)"의 신화가 매일 발생하고 제일 짧은 시간에 제일 빠른 속도로 영국을 초월하고 미국을 따라잡아 쾌속으로 공산주의에 들어서 좋은 나날을 보내기를 희망한 것이었다. 심지어 10년 내란을 초래한 '문화대혁명'까지 폭발하였다. 실천이 증명하듯이 이런 길은 모두 통하지 않았다. 그러다가 1978년 중국의 길은 새로운 기점을 맞이하였다.

그것은 진리기준에 관한 대 토론에서 발단되었다. 비록 30여 년이 지났지만 이 토론이 당시에 일으킨 사상파동을 사람들은 오늘까지도 똑똑히 기억하고 있다. 진리 기준문제의 토론은 사상에 대한 대 해방으로, 사람들이 미신 성행, 사상 경직의 상태에서 탈출하여 실사구시의 우수한 전통을 회복하고 새롭게 생기와 활력이 넘치게 하였다. 중국인은 새로이 "사회주의는 무엇인가?" "어떻게 사회주의를 건설할 것인가?"를 생각하기 시작하였다. 덩샤오핑은 "사회주의가 만약 줄곧 가난하다면 사회주의는 제대로 서지 못할 것이다." "경제가 장기적으로 침체상태에 처해있으면 사회주의라고 할 수 없다.

인민의 생활이 장기적으로 매우 낮은 수준에 멈춰 있으면 사회주의라고 할 수 없다"라고 했다. 덩샤오핑은 전 당과 전국의 인민을 이끌고 사상을 해방시키고 실사구시적으로 극대화한 정책으로 개혁개방을 실행하였다. "돌다리를 두드리며 강을 건너라"고 했듯이 실험하고 탐구하여 중국이 사회주의를 건설하는 새로운 길을 찾게 하였다.

1978년 이래 중국공산당은 중국의 사회주의 건설의 기존 경험을 총결하고, 동시에 국제경험을 배우고 참고하며 끊임없는 탐구를 통하여 중국의 사회주의 초기단계의 기본노선 방침과 정책을 형성하고 사회주의 시장경제체제의 구축과 완벽함을 견지하고 전면적으로 대외개장을 견지하여 중국이 사회주의 현대화 건설에서 끊임없이 앞으로 나가게 하였다.

30여 년을 지속한 개혁개방과 사회발전은 중국의 경제면모를 크게 변화시켰으며 중국의 세계경제중의 지위도 변화시켰다. 1980년 중국경제총량은 세계 11위였으며, 2000년에는 6위로 상승하였다.

2004년 국내생산총액(GDP)은 이탈리아를 초월하고, 2005년에는 프랑스, 2006년에는 영국, 2010년에는 일본을 초월하여 미국 다음으로 세계 제2경제대국이 되었다. 중국 GDP는 일본을 초월하여 아시아지역의 대국이 되었으며 "2차 대전"이래의 아시아발전구도를 변화시켰다.

1992년 1월 18일에서 2월 21일가지 중국 개혁개방과 현대화 건설의 총설계사인 덩샤오핑 동지는 우창(武昌), 선전(深圳), 주하이(珠海), 상하이 등지를 시찰하면서 중요 담화를 발표하였다. 그는 담화에서 장기간 곤란에 처해 있었고, 사람들의 사상을 속박했던 많은 중대한 인식문제에 대해 회답함으로써 전국에서 새로운 개혁의 고조를 일어나게 했다.

상하이의 자기부상고속열차.

2011년 중국은 세계 제1 제조대국이 되었다. 전 세계 400여 종의 제품 중 중국은 200여 종의 상품이 세계 제1위였다. 세계 500강 기업에서 중국은 매년 5개 기업이 증가되었고 총 수량은 60개이며 세계10위 기업에서 중국은 중국석유화학, 국가전력, 중국석유 등 3개 기업이 차지했다.

미국연합사의 2012년 12월 무역수치 분석결과에 근거하면 짧은 5년 동안에 중국은 이미 미국을 초월하였고, 한국과 호주 등 미국의 맹방들을 포함한 대부분 국가의 무역파트너가 되었다. 비록 현재 세계경제가 불황이라 중국경제의 발전상황이 느려지기는 하지만 그럼에도 대국 중에서 제일 빠른 상태를 유지하고 있다.

왜 인간의 정도(正道)는 파란만장한가?

중국의 나아갈 정도는 바로 중국특색의 사회주의 길이다. 중국은 어떻게 이 성공의 길을 찾았는가?

중국특색의 사회주의 길은 1978년에 시작되었다. 상징은 중국 공산당의 11기 3중전화의 개최였다. 회의에서 덩샤오핑은 전 당에게 사상을 해방시키고 실사구시하며 단결하여 앞을 보라고 요구하였다. 그는 "가장 먼저는 사상을 해방시키는 것이다." "한 개 당, 한 개 국가, 한 개 민족, 만약 모든 것을 책에서 출발하면 사상이 경직되고 미신이 성행한다. 그렇게 되면 앞으로 나갈 수 없고 생기는 멈춰버리며 당이 망하고 나라가 망하게 된다"고 지적하였다.[11] 이 저명한 연설은 후에 새 시기, 새 길을 개척하고 중국특색의 사회주의 새 이론을 건설하는 선언서가 되었다. 이때부터 중국은 개혁개방을 선명한 상징으로 한 위대한 역정을 시작하였다.

30년은 역사의 긴 흐름 속에서 일순간에 지나지 않는다. 그러나 중국 남해 변에 위치해 있는 선전은 30년이라는 시간 동안 작은 어촌에서 현대화 된 대도시로의 변화된 모습을 완성함으로써 중국 개혁개방의 모범 사례가 되어 중국이 나아갈 길이 어떤 것인지를 명확하게 증명해 주었다.

---

11 「解放思想, 實事求是, 單體一致向前看(1978年12月13日)」, 『鄧小平文選』 第2卷, 1994, 人民出版社, 143쪽.

30년 전의 선전은 이미 시간의 흐름 속에서 희미하게 변하였고 남겨진 것은 일련의 숫자와 낡은 사진이었다. 인구 2.6만 명, 면적 3평방킬로미터, 낮은 단층집, 희미한 불빛, 질척이는 도로, 자동차는 겨우 7대, 도로는 오직 두 개. 하나는 인민로, 또 하나는 해방로, 총 2km밖에 안 되었다. 그 시대를 겪었던 많은 사람들은 모두 이런 말을 한다. "당시의 선전은 끝까지 한눈에 볼 수 있었다." 1980년 8월 26일 이 날은 선전사람들에게 뚜렷이 기억되는 날이다. 이날부터 선전은 중국의 첫 번째 경제특구가 되었고, 이때부터 화려하게 변하기 시작하였으며, 빠르게 발전하였다. 단 3년이라는 시간에 선전의 경제는 6배 넘게 성장했다.

한 순간 "선전의 속도"를 모든 사람들이 알게 되었고, 선전은 이런 기적 같은 속도로 현대화 대도시로 향하여 앞으로 전진 하였다.

예전의 낮은 단층집은 보이지 않았고, 고층빌딩들이 하나한 들어섰으며 질척이던 도로는 보이지 않았고, 넓은 선전의 대로는 사람들의 눈과 귀가 번쩍 뜨이게 했다. 인구가 당초의 3만 명이 안 되던 곳에서 오늘날에는 천만 명을 초월했을 뿐만 아니라 경제적 효과는 수천 배의 성장을 나타내어, 1인당 생산액이 만 달러를 넘는 중국 대표적인 대도시가 되었으며, 오늘날까지 여전히 중국경제가 제일 발달한 도시 중 하나가 되었다.

중국 개혁 개방의 창구 - 선전 마칭팡(馬慶芳) 촬영.

미래를 전망할 때 선전은 현대화, 국제화 선진도시를 건설하는 목표를 중심으로 노력할 것이며, 21세기 중기에 더욱 개방되고 더욱 활력이 넘치는 첨단기술, 고부가가치 경제체제로 발전할 것이며, 홍콩과 연합하고 주장(珠江)삼각주를 합하여 아시아·태평양까지 나아가 전 세계에 영향을 끼치는 과학기술혁신센터, 첨단제조센터, 금융서비스센터, 상업무역물류센터, 트랜드패션센터로 될 것이며, 시민생활이 더욱 풍요롭고 생태환경이 더욱 아름다우며 사회가 더욱 평안하고 조화로우며 발전형식, 체제시스템, 문명법치가 더욱 완벽하여 비교적 강한 리더역할을 하는 선진도시가 될 것이며, 다원화된 문화교류의 응집, 다원화 문명의 조화로운 공생, 강한 흡인력과 호소력이 있는 동방의 매력적인 도시가 될 것이다.

선전 지역 등은 개혁개방의 경험이 있기에 1982년 중국공산당 제12차 전국대표대회에서 덩샤오핑은 더욱 성숙하고 더욱 뚜렷하게 "마르크스주의의 보편적인 진리를 중국의 구체적인 실리와 결합하여 자신의 길을 가고 중국특색이 있는 사회주의를 건설하는 것은 바로 우리가 장기적인 역사경험을 총결하여 얻은 기본 결론이다"라고 표현하였다. 중국의 길은 이때부터 "중국특색의 사회주의"라고 명명되었다.

중국특색의 사회주의는 먼저 생산력을 발전시키는 것이다. 중국은 먼저 농촌에서 경제체제개혁을 진행하였다. "가정연합생산도급책임제"를 실행하여 농민이 더욱 많은 경영관리권을 가지게 하였다. 농민들의 노력으로 생산은 크게 늘었고 결국 빈곤상태를 벗어나기 시작하였다. 이는 샤오강촌(小崗村)의 이야기가 발생한 후 총결해낸 경험이었다. 샤오강촌은 안후이성 화이허(淮河) 하안에 위치하였고, "중국농촌개혁 제1촌"으로 불렸다. 1978년 전에 겨우 20여 가구, 백여 명의 샤오강촌은 유명한 "식량은 국가의 환매에 의지하고, 돈은 구제에 의지하며, 생산은 대출에 의지하는 빈민촌"이었다. 화이허의 바다로 통하는 통로가 자주 막혀 이곳은 수해와 가뭄이 끊이지 않았고, 10년에 9년은 기황이며 농업은 거의 황폐하였다.

일부 나이가 든 샤오강촌 사람들은 당시 마을에는 "처녀들은 시집갈 때 변변한 옷 한 벌 없었고 총각들은 거의 모두 노총각이었다"라고 기억하였다. 1978년 샤오강촌은 심한 가뭄이 들었다. 이해의 12월 어느 날 밤 더 이상 견딜 수 없었던 샤오강촌 사람들은 배부르게 먹기 위하여 대담한 행동을 하였다. 샤오강촌의 생산대 대장인 옌쥔창(嚴俊昌)과 부대장 옌홍창(嚴宏昌), 회계 엔리쉐(嚴立學)는 집에 있는 18가구 가장들을 옌쥔창의 낡은 초가집으로 불러 모아 호롱불 앞에 모여 앉아 비밀리에 밭을 나누어 따로 생산하는 일, 즉 집체적으로 경작하던 경작지를 매 가구에 나눠주어 생산과 경영을 도맡게 하는 것을 상의하였다.

이런 행위는 20여 년간 유지한 인민공사제도를 위반한 일이기에 결과는 상상조차 할 수 없었다. 촌민들은 종이 한 장에 비장한 의미를 담은 18개의 빨간 손도장을 찍었다. 이 "생사계약(生死契約)"에는 "우리는 밭을 나누어 각 가구에 나누고 가장들은 싸인하고 도장을 찍었다. 이후 매 가구들은 전 년 국가에 바치는 식량생산을 수확해야 하며 더 이상 국가에 손을 내밀어 돈과 식량을 달라고 하지 않는다. 만약 그렇지 아니하면 우리간부들은 감옥에 가고 목이 떨어져도 기꺼이 받아들이겠다. 여러분들은 우리의 아이들을 18세까지 키워준다고 보증해야 한다"고 쓰여져 있었다.

18명의 농민들은 그들이 쓴 계약이 중국농촌개혁의 첫 번째 선언서가 될 줄은 생각지도 못했다.

1978년 12월 샤오강촌 18호의 호주들은 밭은 나누어 각자가 생산한다는 계약에 사인하였다. 사진은 당시 계약서에 사인한 세 명의 농민 참가자들이다.

그때 당시의 대다수 중국농민들에게 토지는 절대적으로 중요한 생산수단일 뿐만 아니라 통상 그들의 유일한 생활원천과 사회보장이었다. 엄청나게 큰 정치적 위험을 무릅쓰고 몰래 '도급제'를 진행한 샤오강촌의 사람들은 금방 단맛을 보았다. 1년도 안 되어 그들은 근 7만kg이나 되는 식량을 수확하여 의식주 문제를 해결하였다.

샤오강촌의 방법은 기타 지역의 농민들이 앞 다투어 모방하고 또한 각자의 개혁방안을 창조해냈다(비록 대부분 문자로 형성되지 않았지만 …. 1979년 9월 중공중앙은 『농업발전 약간의 문제에 관한 결정』을 통과시켰고, 80년대 초부터 중국농촌은 보편적으로 농촌체제 개혁의 대문을 열기 시작하여 '가정연합생산 도급책임제'를 실행하였다. 이런 제도 하에 토지의 소유권은 향촌조직에 속하고 집체적으로 토지소유권을 가지며 토지 발주권을 행사하였다.

토지는 농민 손에 나누어지고 농민들은 토지 사용권을 얻었으며, 자기의 토지를 독립적으로 생산하고 경영하는 장기적인 임차인이 되었고(임대기한이 끊임없이 연장할 수 있다), 가정이 인민공사를 대체하여 중국농촌의 주요 경제단위가 되었다. 일반적으로 농민은 어떤 형식으로 임대료를 완납한 후 남은 상품은 자기가 처리할 수 있었다. 그들은 계약에 따라 이런 물건들을 통일적으로 수거하는 부서, 합작사 또는 개인 양곡상인에게 판매하거나 또는 자기가 직접 도시의 자유 시장에 가서 판매할 수 있었다.

농촌개혁이 획기적인 발전을 거두는 동시에 개인, 민간경제와 향진기업의 나타남은 경직된 계획경제체제에 돌파구를 열었다. 70년대 말 두뇌 건강에 좋은 해바라기 씨를 팔아 자수성가한 "못난이 해바라기 씨" 창시자 녠광지우(年廣九)는 날이 갈수록 장사가 잘 되어 하루에 20~30근의 해바라기 씨를 팔 수 있었다.

녠광지우는 혼자 감당하기 어려워지자 일부 무직 청년을 불러 도움을 받았다. 그때 당시에 개인사업자는 직원을 8명 이상 고용하지 못하게 하고 있었다. 8명이 일하는 작은 사회주의 개인 경제였지만(8명 이상은 "자본주의"였다), 8명 이상의 조수를 고용하였기 때문에 녠광지우는 '자본가'가 되었다. "못난이 해바라기 씨"가 낸 이 어려운 문제는 전 중국의 여론들이 얼굴을 붉히며 논쟁하게 하였다.

이 논쟁은 몇 년 동안 지속되었다. 1984년에 해바라기 씨 공장이 105명을 고용하고 매일 9,000kg의 해바라기 씨를 생산할 때까지 논쟁은 계속되었다. 덩샤오핑은 중공중앙고문위원회 제3차 전체회의에서 "앞전의 고용문제는 매우 큰 충격을 주었습니다. 따라서 여러분들은 많이 걱정했겠지만 저의 의견은 2년 정도 두고 보자는 것입니다. 그것이 우리의 대세에 영향을 끼칠 수 있는지를 보자는 것입니다…… '못난이 해바라기 씨'가 한동안 경영하게 합시다. 겁날게 무엇이 있습니까? 그것이 사회주의를 상하게 하겠습니까?"라고 명확히 밝혔다.[12] 덩샤오핑의 몇 마디는 민간경제발전중의 고용문제를 순리롭게 해결케 해주었다. "녠광지우"는 개인사업자의 상징이 되었다.

일련의 개혁개방의 실천은 80년대 초의 중국이 왕성한 생기를 갖게 하였고, 중국의 길, 중국에서 어떻게 사회주의를 건설할 것인가의 문제에 대한 인식을 심화시켰다. 1985년 덩샤오핑은 「개혁은 중국의 생산력을 발전케 하기 위해 필히 거쳐야 할 길이다」라는 문장을 발표함으로서 중국은 이미 중국특색의 사회주의를 건설할 길을 찾았음을 밝혔다. 1987년 중국공산당 제13차 전국대표대회가 개최되고 사회주의 초기단계의 이론을 제출하고 상세히 설명하였으며 세 마디로 집중 개괄하였다.

경제건설을 중심으로 4가지 기본원칙을 견지하고 개혁개방을

---

12 「在中央顧問委員會第三次全體會議上的講話(1984年10月22日)」, 『鄧小平文選』 第3卷, 앞의 책, 91쪽.

견지한다. 이것 또한 '중국의 길'의 제일 기본적인 내용이 되었다. 지난 80년대 말 90년대 초 소련이 해체되고 동유럽이 격변하며 중국의 발전은 선택의 기로에 섰다. 중국은 어디로 갈 것인가? 개혁개방의 성과는 어떻게 공고히 하고 발전할 것인가? 1992년 1월 18일에서 2월 21일까지 덩샤오핑은 우창, 선전, 주하이, 상하이 등의 지역을 잇 따라 시찰하면서 장기적으로 사람들의 사상을 괴롭히고 속박했던 일련의 중대한 인식문제에 대하여 답을 하였다. 남방담화에서 덩샤오핑은 다시 한 번 "못난이 해바라기 씨"에 대해 이야기하였다. "농촌개혁 초기 안후이에 '못난이 해바라기 씨'문제가 생겼다. 당시에 많은 사람들은 불편해 하였다.

그가 백만 위안을 벌었으니 그를 처벌해야 한다고 주장하였다. 그러나 나는 안 된다고 하였다. 처벌하면 사람들은 정책이 변했다고 할 것이고 얻는 것보다 잃는 것이 많다고 하였다." 그는 중국이 "사회주의를 견지하지 않고, 개혁개방을 하지 않으며, 경제를 발전시키지 않고, 인민생활을 개선하지 않으면 죽는 길밖에 없다"고 지적하였다. "사회주의 본질은 생산력을 개발하고 생산력을 발전시키며 착취를 없애고 양극분화를 없애며 최종적으로 공동으로 부유함에 달하는 것이다."[13] "이러한 정책이 사회주의인가?"를 판단할 때는 응당 사회주의의 생산력 발전에 유리한지, 사회주의 국가의

13 「在武昌, 深圳, 珠海, 上海等地的講話要點(1992年1月18日에서 2월21일까지)」, 『鄧小平文選』 第3卷, 앞의 책, 370, 371, 373쪽.

종합국력을 증강하는데 유리한지, 인민의 생활수준을 향상하는데 유리한지를 봐야 한다고 하였다. 덩샤오핑의 남방담화는 개혁개방 10여 년 동안의 역사경험의 총결이며 사람들의 생각을 자유롭게 하였고 중국개혁의 진전을 추진케 하였다. 상하이 푸동(浦東)의 개발은 바로 이 시기 '중국의 길'을 탐구하는 중 발자취를 반영한 것이었다.

푸동은 상하이 동부에 위치하였으며 중국연해 개방지역의 중간 지역과 양자강이 바다와 합류하는 곳에 있으며 기초가 튼튼한 상하이 시가지 옆에 바로 붙어있었고, 북쪽은 물질이 풍부하고 뛰어난 인물이 많은 양자강 삼각주와 인접해있었으며 넓은 태평양과 마주하고 있었다. 푸동을 개발하는 것은 중국역사상 여러 세대의 숙원이었다. 일찍이 1918년 중국민주혁명의 선구자 손중산은 그의 『건국방략』에서 상하이에서 푸동을 기지로 하여 세계적인 동방의 대 항구를 건설하겠다는 구상을 명확히 제기하였다. 1949년 상하이 해방 후 천이(陳毅) 시장도 푸동을 개발하려는 생각이 있었다. 후에 역대 상하이 영도자들도 푸동 개발을 의사일정에 집어넣었다. 하지만 진정으로 푸동 개발을 실천으로 옮긴 것은 개혁개방 이후 선전 등 연해특구개발의 경험을 얻은 후인 80년대였다. 1990년 4월 18일 중공중앙, 국무원은 푸동 개발을 선포하였고, 또한 "푸동을 개발하고 상하이를 발전시키며 전국을 위하고 세계를 향한다"라는 방침을 제시하였다.

이것은 푸동의 개발 개방이 80년대의 상하이지방전략구상에서

90년대 국가의 중대한 발전전략으로 상승되었음을 상징하고, 중국개혁개방이 새로운 단계에 들어섰음을 상징하는 것이었으며, 또 중국정부가 전혀 흔들림 없이 대외개방을 추진하고 확대한다는 견고한 입장을 표명한 것이었다.

20여 년간의 건설을 통하여 푸동은 이미 상하이 국제금융센터와 국제항공운항센터의 핵심기능구역으로 발전하였으며, 또한 종합개혁의 시험구역, 개방되고 조화로운 생태구로 건설하기 위하여 노력하였다. 푸동의 인민들은 구조의 최적화, 기능의 향상, 효율적인 향상, 에너지 절약, 환경보호라는 기초 하에서 심혈을 기울여 2020년 푸동 개발 개방 30주년쯤 푸동이 국내외경제를 연결하는 중요한 중추가 되도록 노력하고 있다. 중국의 제3대 중앙영도자들이 정치무대로 올라왔을 때 중국의 개혁개방은 이미 10여 년의 역정을 걸어왔고, "계획과 시장의 관계를 어떻게 처리할 것인가?"는 중국 특색의 사회주의 길에서 필히 넘어야 할 관문이 되었다.

1992년 중국공산당 제14차 전국대표대회에서 장쩌민은 사회주의 시장경제체제를 구축하는 개혁목표를 제기하였다. 동방에서 서방까지 매우 긴 역사시기에 시장경제는 모두 자본주의의 특유한 것으로 여겨졌고 계획경제는 사회주의와 자본주의를 구분하는 상징이 되었기 때문이다. "사회주의"와 "자본주의"를 결합하는 것은 누구도 해본 적이 없는 새로운 사물이었다. 이는 초월이며 돌파이며 더욱 나아가 '중국의 길'의 제일 선명한 특색이 되었다.

중국의 사회주의 시장경제에 대한 이해는 점진적이었다. 18기 3중

전회 이전에 중국은 줄곧 사회주의와 시장경제의 두 가지 우세를
발휘하여 시장이 사회주의 국가의 거시적인 조절 하에 자원배치에
대하여 기초적인 작용을 하게 하였으며, 경제활동이 가치규율의
요구에 따라가게 하여 공급관계의 변화에 적응토록 하였다. 18기
3중 전회에서 "경제체제 개혁은 전면적으로 개혁을 심화하는 중점
이었으며, 핵심문제는 정부와 시장의 관계를 잘 처리하여 시장이
자원배치에서 결정적인 작용을 하게 하는 것이다"라고 명확히
규정하였다.

1980년대에 상하이에서는 "푸시의 침대 하나가 푸동의 집 한 채보다 낫다(寧要浦西一張床, 不要浦東一間房)"는 말이 유행했다. 그러나 오늘날에는 이미 푸동이 상하이의 국제금융센터가 됐고, 국제항운센터의 핵심기능지역이 되었다.

중국은 오랜 시간 계획경제체제에 있었기에 사회주의 시장경제체제를 구축하는 과정에서 끊임없이 새로운 문제에 직면하였다. 예를 들어 공유제경제의 다른 형식을 어떻게 볼 것인지? 비공유제경제의 빠른 발전, 비중 증가에 어떤 태도를 가져야 할 것인지? 이들 문제는 사회주의 초기단계 기본경제제도의 새로운 인식과 '중국의 길'이 경제건설에서의 새로운 설계와 관련되었던 것이다.

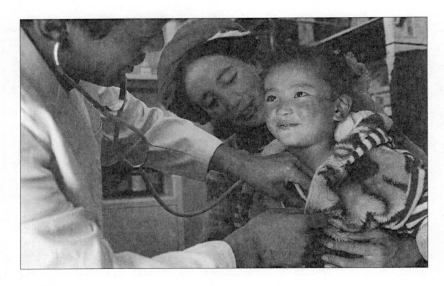

윈난성(雲南省) 향그리라현 다바오스촌(對宝寺村)의 장족(藏族) 의사 두지치린(杜幾七林)이 장족 여자아이를 진찰하고 있다. 중국의 신형농촌합작의료는 의료 보장을 위한 '중국의 경험'을 제공했다.

1997년 장쩌민은 중국공산당의 15대 보고에서 집중적으로 이런 문제에 대하여 대답하였다. 공유제를 주체로 다양한 소유제경제가 공동으로 발전하는 것은 중국 사회주의 초기단계의 기본경제제도이다. 이 기본경제제도의 확립은 중국 '발전의 길'에서 체제시스템의 장애를 없애버렸다. 이후 중국은 일련의 뜻깊은 의미가 있는 전략적인 조치를 제시하였다. 지속 가능한 발전전략, 과학교육진흥국 전략, 서부 대개발 전략, WTO 가입 등 중국이 지속적으로 빠르고 건강하게 발전하는데 견고한 기초를 다졌다.

동시에 정치문명, 정신문명, 민족, 종교, 통일전선, 군대건설,

베이징시 펑타이(豊台)구 란톈펑위안(藍天豊苑) 학교의 노동을 위해 베이징에 들어온 노동자의 자녀들. 양호한 교육을 받을 기회를 향유할 수 있도록 하는 것이 중국정부가 노력하는 방향이다. 판스강(攀世剛) 촬영.

조국통일, 외교 등 방면에서 많은 중대한 조치를 제기하고 실시하여 중국특색의 사회주의 사업이 끊임없이 새로운 발전을 얻는데 유력하도록 추진하였다. 중국이 계속 발전하려면 집권당은 반드시 시대와 더불어 발전하고, 시종 중국의 선진생산력의 발전요구, 선진문화의 전진방향과 대중의 근본적인 이익을 대표해야 한다. '3개 대표'의 주요사상은 장쩌민을 핵심으로 하는 제3대 중앙 영도자들의 모든 이론창의성의 상징과 영혼이 되었다. 2002년 중국공산당 제16차 대표대회에서 영도자들은 안정적이고 순리적인 인수인계를 실현하였고, 또한 경제가 더욱 발전하고 과학교육을 더욱 발전시켜

문화가 번성하며 사회가 더욱 조화롭고 인민생활이 더욱 부유한 전면적인 소강사회를 건설하는 분투목표를 제시하였다. 새로 당선된 후진타오 총서기는 정확히 자신의 태도를 밝혔다. 즉 "중국공산당이 가야할 길은 바로 덩샤오핑 동지가 개척한 장쩌민 동지를 핵심으로 한 당 중앙이 견지하고 발전한 중국특색의 사회주의 길이다"라고 했던 것이다.

2003년 초 사스가 아무런 징조도 없는 상황에서 중국대지에서 기승을 부리고 재해를 입혔다. 이는 새로 발견된 전염병이었으며, 전염성이 강하고 예방치료 방법도 없었으며 거기에 중국은 인구가 많고 유동성이 커서 일부 지역과 부서의 돌발적인 공공위생사항에 대한 준비부족으로 전염병은 매우 빨리 중국 대부분의 성과 시로 번졌고, 광둥, 베이징 등지의 전염병 상황은 더욱 심각하였다.

한쪽은 개혁개방이래 경제의 빠른 발전이고, 다른 한쪽은 전염병인 '사스'를 통제하지 못하여 인민의 생명에 심각한 위협을 가져왔다. 이 돌발사건은 사회 각 부분의 발전의 불균형을 폭로해 주었다. 험준한 현실이 중국영도자들 앞에 놓이게 되었다. 즉 "중국은 어떤 발전을 원하는가?" "어떻게 해야만 인민들이 만족하는 발전을 실현할 수 있겠는가?"하는 문제들이었다.

7월 28일 후진타오는 전국 '사스' 예방업무회의에서, "우리가 발전을 이야기하는 것은 당이 집권하고 나라를 부흥하는 첫 번째 중요한 과제이다. 여기에서의 발전은 절대로 경제성장만이 아니라 경제건설을 중심으로 하는 것을 견지하고 경제발전의 기초에서 사회의 전면적인 발전을 실현하는 것이다. 우리는 더욱 더 전면적인 발전, 조화로운 발전, 지속가능한 발전의 발전관을 견지해야 한다"고 밝혔다. 같은 해 중국공산당의 26기 3중 전회에서 이 발전관은 정식으로 "과학발전관"으로 명명되었다. 사람을 근본으로 하는 전면적이고 조화로우며 지속가능한 발전관을 수립하고 견지하는 것을 개혁과 건설의 중요한 지도방침과 원칙으로 확립하였던 것이다. 이때부터 "사람을 근본으로 삼아야 한다는 것"은 '중국의 길'의 핵심이념이 되었다. 발전을 강조하는 것은 인민을 위한 것이고 발전은 인민을 의지해야 하며 발전성과는 인민들이 나누어야 하고, 과학적으로 "누구를 통하여 발전했으면 누구를 위하여 발전한다"는 문제에 대답하였던 것이다.

2003년의 '사스' 전염병의 창궐은 중국인들로 하여금 전면적이고 협조적이며 지속적으로
발전해야 한다는 중요성을 인식하도록 했다.

　과학발전관의 정식 제기는 '사스'의 반격이 가져온 계시였다.
중국은 20여 년간의 개혁개방을 통하여 경제사회는 안정적 관문에
들어섰으며, 새로운 모순과 문제는 새로운 단계의 특징을 나타냈다.
예를 들어 경제발전의 규모는 매우 크고 속도가 매우 빠르지만 자주적
능력이 아직 강하지 않고, 인민의 생활수준이 보편적으로 향상은
되었지만, 수입 분배의 격차가 멀어지며 민주법제건설이 사회발전의
요구에 아직 완전히 적응하지 못하고, 사회구조, 사회조직형식,
사회이익구조가 모두 큰 변화를 발생하였지만, 사회 관리와 건설이
따라가지 못하는 등 과학발전관은 바로 이런 문제를 해결하고 새로운
형세아래 새로운 이론과 창의적인 실천을 진행하자는 것이었다.

2008년 중국인은 마침내 100년 동안을 지속적으로 꿈꿔오던 '올림픽 개최의 꿈'을 실현했다.

대내적으로 과학발전, 조화로운 발전을 견지하고, 대외적으로 평화로운 발전을 견지하자는 이 두 가지 방면을 긴밀히 연결하고 유기적으로 통일하였다. 이러한 사고방향에 따라 후진타오는 조화로운 이념을 세계에 가져갔다. 2005년 그는 유엔 창립 60주년 정상회의에서 세계를 향하여 "우리는 각 나라의 자주적인 사회제도와 발전의 길을 선택하는 권리를 존중해야 하며, 각 나라는 본국의 국정에 따라 진흥과 발전을 실현하는 것을 추진해야 하며, 평등 개방의 정신으로 문명의 다양성을 보호하고, 서로 다른 문명의 대화와 교류를 강화하며, 각 종 문명이 호환하고 겸용하는 조화로운 세계를 협력하여 구축해야 한다"고 선포하였다.

2007년 후진타오는 중국공산당의 17대 보고에서 네 마디 말 40개 글자로 과학발전관에 대하여 개괄하였다 즉 "과학발전관의 가장 중요한 내용은 발전이고, 핵심은 사람을 근본으로 삼는 것이며, 기본 요구는 전면적이고 조화로우며 지속 가능한 것이고, 근본적인 방법은 통일적이고 계획적인 것이다.

　전 국민이 배우려면 가르침을 받을 수 있고, 일 한만큼 소득이 생기고, 아프면 치료받고, 늙으면 보호받으며, 거주할 집이 있게 한다"는 이 묘사는 중국의 미래 청사진이 더욱 뚜렷하고 더욱 현실적 이 되게 하였다.

　　2008년 중국은 세계를 향해 뛰어난 베이징 올림픽대회를 선물 하였다. 중국선수들은 자기의 조국에서 백 년 올림픽의 꿈을 이루 었다. 최선을 다하여 제일 많은 메달을 수확했고, 동시에 세계가 진정한 발전 중에 있는 열정이 넘치는 중국을 보게 하였다. 이 해의 중국은 원촨 대지진과 국제금융위기를 겪었기에, 꽃과 명예가 있었고, 또 고난과 도전도 있었다. 중국은 위기 앞에서 과학발전관의 길을 견지하고 개척, 축적과 창의를 지속하였으며, 끊임없이 이론과 실천에서 "무엇이 사회주의며 어떻게 사회주의를 건설할 것인가?" "어떤 발전을 실현하고 어떻게 발전할 것인가?" 등의 중대한 문제에 대하여 대답하였다. 발전 중에 중국인민은 자기가 추구하는 목표, 지켜야 하는 원칙, 사고방식 및 중국미래의 발전비전에 대하여 더욱 명확해지고 자신감이 넘치게 되었다.

　　2012년 11월 새로 당선된 총서기 시진핑은 중국인민을 이끌고

"중국특색의 사회주의 길을 계속 걸을 것"이라고 밝혔으며, 처음으로 중화민족의 위대한 부흥을 목표로 하는 "중국의 꿈"을 제시하였다.

근본적으로 말하면 "중국의 꿈"을 실현하는 것은 바로 나라의 부강, 민족의 진흥, 인민의 행복을 실현하는 것이다. 구체적으로 말하면 "중국의 꿈"이란 바로 현대화의 꿈, 사회주의 꿈, 민족부흥의 꿈인 것이다.

2013년 11월 중국공산당의 18기 3중 전회에서 『약간의 중대한 문제를 전면적으로 심화 개혁하는 데 관환 결정』을 심의 통과시켰다. 총 15개 방면 60개 조항이었다. 중국개혁발전 안정이 직면한 중대한 이론과 실천문제를 깊게 분석하였고, 전면적인 심화개혁의 청사진을 묘사하였으며, 관련된 범위가 광범위하고 역량이 크며 전례가 없어 미래의 중국개혁개방에 깊은 영향을 끼치게 될 것이라고 예상하였다.

원대한 포부를 펼칠 때가 있다는 것을 어떻게 말할 것인가?

개혁개방이 오늘까지 왔을 때, 중국은 이미 전례 없는 새로운 높은 위치에 서 있게 되었다. 높이 올라 멀리 바라볼 수 있는 아량이 생겼을 뿐만 아니라, 질풍 같은 바람이 얼굴을 스치는 느낌도 있었다.

경제발전이 "이 쪽 풍경이 유독 좋다"하여 많은 부러움을 자아냈지만, 또한 많은 추측들도 난무했다. 복잡한 국제환경에 직면한 중국의 길에서 펼쳐진 발전은 "중국은 왜 가능한가?"라는 의문에 생동감 있게

1200여 년의 역사를 갖고 있는 닝보어항(寧波港)은 이미 세계 10대 항구로 비약 발전했고, 2011년 화물 수출입 양은 세계 1위를 점했다.

대답하였으며, 발전의 길을 정확히 선택하는 것이 국가와 인민에 대한 결정적인 의미임을 밝혀냈다.

　중국은 30여 년이라는 오랜 기간 동안에 경제의 연평균 성장률은 9%를 넘어 세계경제 성장의 엔진이 되었다. 현재 중국경제 총생산량은 세계 2위, 수출입총량은 세계 제1위로 이미 경제글로벌의 발전 과정에 깊게 들어가 있다. 세계정치와 경제의 발전상황은 중국의 발전에 영향을 끼치고 중국의 강대한 발전 또한 반드시 세계에 영향을 끼칠 것이다. 실천이 증명하듯이 중국의 길은 중국국정에 적합한 발전의 길이며, 이는 근대이래 중국을 구하고 발전하는 서로 다른 길에서 점차적으로 진보한 역사적 성과이었다.

이는 역사의 계승과 지탱에 있어 선배들이 탐구한 길의 기초 위에서 개척해낸 것이다. 이는 중국에 속한 길이며 개혁개방 30여 년의 위대한 실천을 통해서 걸어온 것이며, 중화인민공화국 탄생 60여 년 동안 지속적인 탐구를 하는 가운데 걸어온 것이며, 근대이래 170여 년 동안 중화민족의 발전역정의 뜻깊은 총결을 통해 걸어온 것이며, 중화민족 5000여 년의 유구한 문명을 계승하는 가운데서 걸어온 것이다.

깊은 역사적 근원과 광범위한 현실적 기초는 '중국의 길'이 왕성한 생명력이 있음을 나타나게 하였다.

산동성 르자오시(日照市)의 공사지역의 소음을 방지하기 위한 방지막 설치 모습.
도시화는 미래 중국의 발전방향이다.

　　이 길을 따라 중화민족은 이미 민족독립과 인민해방을 실현하
였으며, 중국인민의 생활은 이미 소강수준에 달했다. 2021년
중국공산당 탄생 100년에 10여 억 인구에 미치는 더욱 높은 전면적인
소강사회는 중국에서 건설될 것이다. 2049년 신 중국 탄생 100년에
중국은 기본적으로 현대화를 실현하고 부강민주문명조화의 사회주의
현대화국가를 건설하게 될 것이다.

4

애국주의인가?
아니면 민족주의인가?

4

애국주의인가?
아니면 민족주의인가?

"중국의 꿈"을 실현시키려면 반드시 중국정신을 드높여야 한다. 애국주의를 핵심으로 한 민족정신과 개혁창조를 핵심으로 하는 시대정신으로써 민족의 '정신력'을 불러일으켜야 할 것이다.

- 시진핑

중국인은 정신력을 중시한다. 사람은 살면서 정신력으로 버틴다. 중화문명이 수천 년을 끊이지 않고 연속된 것은 바로 '중국정신'의 응집에 의지한 것이다. 이것은 '국가의 혼'이며 '민족의 혼'이다. 시진핑 주석이 중국인민을 대표하여 중화민족의 위대한 부흥을 목표로 하는 "중국의 꿈"을 실현할 것이라고 이야기했을 때, 이 꿈은 사람들을 놀라게 하였다. 이는 새로운 영도자의 집권이념과 목표일뿐만 아니라, 특히 13억 중국인의 바람이었기 때문이었다. 따라서 전 세계 200여 개 나라와 지역, 수십억 인의 관심을 끌었던

2012년 12월 10일 노벨상 수여식이 스웨덴 스톡홀름 음악당에서 거행되었다. 모옌(莫言)은 처음으로 노벨문학상을 받은 중국작가이다. 원문 131쪽

것이다. "중국의 꿈"을 "중국의 꿈", 아니면 "중국인의 꿈"으로 번역할 것인지 아직 확정되지 않았을 때에 전 세계의 매체와 사람들은 이미 "중국의 꿈"과 "중국의 드림"으로 해석하였다. 사람들은 "중국의 꿈"의 나타남에 관심을 가졌을 뿐만 아니라, "중국의 꿈"의 실현에 더욱 관심을 가졌다. 전 세계가 주목하는 "중국의 꿈"은 더 이상 중국과 중국인에게만 속한 것이 아니었다. 2012년 말 "중국어 점검 2012" 활동이 끝났다. '꿈'이 최종 두각을 나타내어 2012년이 선장한 한자가 되었다. 활동결과를 발표할 때 한자 '꿈'에 대한 해석은 '올림픽 꿈', '하늘을 나는 꿈', '항공모함 꿈', '노벨상 꿈' 등 이들 옛날의 꿈은 모두 중국인에 의하여 하나하나 실현되었다. 그리하여 '꿈' 이라는 단어가 명실상부하게 되었다.

선저우(神舟) 1호   선저우 2호   선저우3호

　'하늘을 나는 꿈', '항공모함 꿈'의 실현은 중국인이 첨단기술영역에서 국제와 발맞추어 나가는 꿈을 점차적으로 이루어 냈음을 나타내었으며, 중국작가 모옌이 2012년 노벨문학상을 받았을 때 중국인은 더욱 감동을 받았다. 중국인은 세계와 나눌 수 있는 정신적인 성과는 선조들이 남겨준 영광만 있는 게 아니라 당대 중국문화도 있다는 것을 알았기 때문이다. 자오치정()이 말한 것처럼 "중국의 꿈" 자체가 창조성이 있는 것이며 고전적인 것을 회복한 것이 아니다." 영국 전 수상 처칠이 말한 "이는 끝남이 아니며 이것 또한 끝남의 서막이 아니다. 하지만 이는 서막의 끝남일 수도 있다."로 모옌의 우수한 문학적 재능으로 중국의 노벨문학상 꿈을 이룬 의미를 아주 적절하게 비유하였다.

선저우(神舟) 4호   선저우 5호   선저우 6호

　　최근 30년은 중국경제가 빠르게 발전한 30년이었다. 중국경제
총생산량이 세계 2위라는 것은 물질측면의 빠른 발전을 설명하지만,
정신적인 측면에서 우리는 아직 거인이라고 칭할 수 없었다. 베이징의
스모그로부터 상하이의 황푸강에서 떠다니는 죽은 돼지 사체까지
교육에 대한 불만에서 노인 모시기에 대한 걱정까지, 중국은 지금
경제가 빠르게 발전하는 동시에 가져온 어떤 신앙부족, 정신의 피폐한
악한 결과를 견디고 있다. 방울을 단 사람이 방울을 떼야 하듯이
정신적인 측면의 부족은 오직 정신적인 측면에서 복원하여 보완해야
한다. 마치 시진핑 주석이 말한 것처럼 우리의 발전목표를 실현하려면
물질에 대해서 강대해질 뿐만 아니라 정신적으로도 강해져야 한다.
"중국의 꿈"의 제기는 "중국정신"을 진작시키는 해결책이다.

선저우(神舟) 7호   선저우 8호   선저우 9호   선저우 10호

   프랑스 사상가 로맹 롤랑은 "이상(理想)은 바로 동력이다"라고 말한
적이 있다. 중국공산당의 초기 영도자 장원톈(張聞天)은 "생활의
이상이란 바로 이상적인 생활을 말한다"라고 했다. 숭고한 정신은
인류의 이상정신이며, 인류의 숭고한 추구를 반영하는 것이며, 많은
사람들의 염원과 근본적인 이익이 응집되어있으며, 사회발전에
정신지주와 정신적인 추진력의 작용을 하고 있다. "중국의 꿈"은
중화민족의 꿈일 뿐만 아니라, 모든 중국인의 꿈이며, 중국특색의
사회주의에 공통된 이상을 나타내고 있을 뿐만 아니라, 억만 군중의
개인적인 이상도 융합하여 강한 "지남침", "접착제", "응집제"의
기능을 가지고 있다. 독일의 군사전문가이며 군사역사학자인
클라우제비츠는 "역사는 정신요소의 가치와 그들의 놀라운 작용을
제일 잘 증명할 수 있다"라고 말했다. 중국혁명과 건설이 걸어온
고난과 역경이 바로 그에 대한 증명이다. 13여 억의 중국인이
굳건하게 응집하여 모든 사람들이 한마음이 되어 혁명을 하고 건설을

하는 것은 중화민족이 함께 키워온 민족정신, 함께 응집한 시대정신, 함께 지켜온 이상과 신념을 떠날 수 없는 것이다.

헌신으로 꿈을 이루는 중국인

중화민족의 유구한 역사의 강에서 애국주의는 언제나 온 민족의 강한 응집력과 전투력을 불러일으킨 정신적인 힘이었다. 외적의 침략 앞에 갖는 적개심이나 국가의 어려움과 재난 앞에 한마음 한 뜻이 된 중화민족은 애국주의 깃발아래 끊임없이 위기와 어려움을 이기는 지혜와 힘을 내뿜었다. 예로부터 지금까지 중국인은 언제나 "천하"를 마음에 담고 자기의 운명과 조국의 운명을 한곳에 묶었다. "천하의 흥망에는 모두 책임이 있다." 중화민족은 항상 개인의 이해와 화복, 심지어 생사존망도 생각하지 않고 모든 것은 '천하'를 위하고 모든 것은 국가를 위하였다. "국가의 생사존망이 걸린 까닭은 그 때문이었다." 이런 애국주의 헌신정신은 오래전에 중화민족의 피 속에 융합되었다. 바로 이런 정신이 중화민족의 눈부신 발전을 이루게 하였다. "심신이 건강하면, 군자는 자강불식한다." 중국사는 한편의 중국선조들의 자강불식, 고난의 분투 노력사이다. 전설 중의 대우 치수, 우공 이산, 정위(精衛)가 바다를 메우는 것에서 상탕(商湯)의 건국까지, 춘추전국의 백가쟁명에서 진한수당의 통일까지, 원명 청에서 국민혁명의 발전까지, 우리는 덩스창(鄧世昌)의 바다에서 왜적에 저항하는 것을 보았을 뿐만 아니라, 탄스퉁(譚嗣同)의

정의를 위한 의연한 죽음도 보았으며, 정하(鄭和)의 7차례 항해를 보았을 뿐만 아니라 정성공(鄭成功)의 대만 수복도 보았다. 중국의 흥망성쇠에는 이런 영웅들의 발자국이 모두 남겨져 있다. 자강불식하는 분투와 노력 중에는 중국 선조들의 자신감이 언제나 넘쳐났다. 루쉰(魯迅)이 이야기한 것처럼 "우리는 예로부터 몰두하여 열심히 일하는 사람, 죽을힘을 다해 일하는 사람, 백성을 위해 호소하는 사람, 진리를 위하여 희생하는 사람들이 있었다. 비록 제왕을 위한 족보를 만드는 것을 '정사(正史)'라고들 하지만, 그렇다고 그들의 영광을 가릴 수는 없는 것이다. 이것이 바로 중국의 주축인 것이다." 중국공산당은 탄생일로부터 항상 인민과 함께 애국주의의 깃발아래 각종 시험과 어려움을 이겨냈다. 애국주의는 이미 다민족, 많은 인구의 중국이라는 대국을 응집하는 정신적인 연결고리가 되었으며, 민족의 생명력, 창조력, 응집력의 중요한 정신적인 지주가 되었다.

첸쉬에선(錢學森) 첸하오(錢浩) 촬영.

신 중국 성립 후 지체된 각종 일들을 시행하기 위하여 인재가 급하게 필요하였다. 첸쉬에선은 당시 세계에서 인정하는 역학계, 핵물리학계의 권위와 현대항공과학과 로켓기술의 선구자였으며, 미국에서 안정된 직업과 생활을 누리고 있었다. 그러나 조국이 자신을 필요로 한다는 것을 알고는 조국의 부름을 받았을 때, 그는 각종 방해를 무릅쓰고 의연하게 귀국하여 중국동료들과 함께 '2탄1성'의 연구업무에 뛰어들었으며, 중국의 첨단기술이 중대한 돌파를 가져오도록 하였다. 첫 번째 원폭시험에서부터 미사일 연구를 성공하기까지 미국은 13년이 걸렸지만 중국은 2년 정도밖에 걸리지 않아 세계를 놀라게 하였다. 당연히 첸쉬에선의 행동은 그 시대의 애국지식인을 대표하는 것이었다. 왕진시(王進喜)는 "애국,

창업, 추구, 헌신"의 다칭정신의 대표자이다. 60년대 초 세계에서 석유자원부족으로 알려져 있는 중국에 좋은 소식이 들려왔다. 동북에서 다칭유전을 발견하였던 것이다. 왕진시를 대표로 하는 다칭의 노동자들은 도로가 없고 차량이 부족하며 먹고 자는 것도 문제가 있는 상황에서 사람들이 시추기기를 현장까지 메고 끌고 갔다. "20년을 적게 살더라도 목숨을 걸고 대형 유전을 건설하고 말겠다"는 완강한 노력으로 5일 낮밤 끈질긴 노력으로 다칭의 첫 번째 유정을 뚫어 중국의 석유자원 부족의 모자를 벗기고 중국의 기초공업건설을 위한 불후의 공헌을 세웠다. 다년간 다칭유전은 중국경제발전이 필요한 석유를 생산했을 뿐만 아니라, 또한 조건이 없으면 조건을 창조해서라도 해내고야 마는 영웅대오를 단련해냈고, 더욱 중요한 것은 중국공업이 선양하는 "다칭정신"을 배양해냈던 것이다. 왕진시가 이끈 1205개 시추작업팀의 현재의 대장은 후즈창(胡志强)이다. 석유노동자로서 그의 "중국의 꿈"은 바로 유정을 많이 파고 좋은 유정을 찾아 석유를 많이 생산하고 좋은 석유를 생산하는 것이다. 60여 년간 "철인정신"의 인도 하에 시추작업팀은 끊임없이 새 기록을 세웠으며 현재까지 시추한 유정의 총길이는 256만m나 되며, 이는 291개의 에베레스트 산을 뚫은 것과 같은 것이다. 1205개 시추작업팀은 중국 다칭에서 작업했을 뿐만 아니라 외국에서도 유정을 팠다.

별안간 유정에서 분출하는 제지하기 위해 왕진시(王進喜)와 대원들은 진흙 속으로 뛰어들어 몸으로써 진흙을 다지기 시작했다.

"다자이(大寨)정신"은 중화민족의 근면 용감, 자강불식의 상징이며, 중국농업발전의 깃발이었다. 신 중국 성립 초기 무척 가난했던 다자이 사람들은 두 손, 두 어깨, 곡괭이 한 자루, 광주리 두 개로 밤낮없이 일하여 10년이라는 시간에 다자이의 협곡과 골짜기, 산언덕을 개발하여 자기들의 먹는 것을 해결했을 뿐만 아니라, 잉여식량을 나라에 바치기까지 하였다. "다자이정신"은 중국의 빈곤·낙후함을 노력 하여 극복하고 어렵게 창업하는 역사시기에 생겨났다. 지금의 중국은 발전하였다고는 하지만 여전히 고군분투해야 하는 곳은 많이 있다. 지금의 다자이는 "다자이정신"을 유지하며 시대와 더불어 발전하여 여러 가지 경영과 촌민들이 함께 부유함을 실현하여 '5유'

생활을 하고 있다 즉 "어려서 교육받다 - 유치원에서 초등학교까지 모두 무료교육을 실시한다.", "노년보장 - 60세 이상 노인들은 매월 연금을 받는다.", "난방공급 - 매년 겨울 각 가정에 석탄을 공급한다", "의료보험 - 촌민들은 모두 합작의료보험에 가입하였다.", "진학장학금 - 대학에 진학한 학생들은 모두 장학금을 지급한다"는 것을 말한다. 위대한 사업은 숭고한 정신이 필요할 뿐만 아니라 위대한 사업을 지속적으로 지탱해주고 추진해야 한다. 중국은 바로 '중국정신'의 응집 하에 홍군의 만리장정이 있었고, 8년의 힘든 항일전쟁이 있었으며, 동춘루이(董存瑞)의 생명을 바친 보루(堡壘) 폭파가 있었다. 그들을 대표로 하는 영웅선열들이 중국의 오성 붉은기를 빨갛게 물들였고 신중국의 건립을 이루어 냈던 것이다. 사회주의 건설을 진행하는 중에도 숭고한 "중국정신"의 지탱과 추진이 필요한 것은 의심할 바가 없다. 이런 숭고한 정신을 추진 함에 레이펑(雷鋒)이 있었고 쟈오유루(焦裕祿)가 있었으며, 또 콩판선(孔繁森)이 있었다. 평화의 건설 환경에서는 총탄 시련이 없었고 피를 흘리고 희생하는 장렬함이 없었지만 "중국정신"은 있었다. 이들 본보기의 힘은 무궁하다. 이런 평범한 사람들이 평범한 직장에서 해낸 비범한 공헌은 바로 애국주의를 핵심으로 하는 민족정신의 응집을 통해서만 나타날 수 있는 것이다.

쟈오위루(焦裕祿), 전 중공 란카오(蘭考)현 현위 서기로 '전국간부의 모범'이라는 명예를 얻었다.

   덩샤오핑은 "중국인민은 일어설 능력이 있으며, 반드시 세계민족 속에서 우뚝 설 능력을 갖고 있다"고 말한 적이 있다.[14] 장쩌민은 중국공산당 16대 보고에서 "민족정신은 한 민족이 생존하고 발전하는 정신적 지주이다. 한 민족이 분발하는 정신과 고상한 품격이 없으면 세계민족 가운데서 자립할 수가 없다"고 지적하였다. 중화민족의

---

14 「致中共中央政治局的信(1989年9月4日)」, 『鄧小平文選』 第3卷, 앞의 책, 323쪽.

자강불식의 민족정신은 국내 각 민족, 각 계층 간의 간격을 메우고, 또한 강렬한 민족소속감, 응집력, 향심력을 형성할 수 있다. 긴박하고 관건적인 시각과 중대한 사건에서 이런 위대한 민족정신은 더욱 드러났다. 원촨에서 지진이 일어났을 때 사방팔방에서 도와주었고, 많은 기업이 국제금융위기의 충격에서도 "직원들을 내보내지 않고 어려움을 직원들의 가정에 남겨주지 말자"라는 소리는 애국주의의 깃발을 날려주었고, 13억 중국인을 단단하게 단결시키는 민족부흥의 정신적 금자탑을 구축해 주었다. "중국의 꿈"을 이루는 노정에서 애국주의를 핵심으로 하는 민족정신을 크게 선양한다는 것은 최대한의 공감대를 응집시키고 일심 단결케 하여 사회발전과 진보를 촉진시키는 강력한 긍정적 에너지를 형성케 하는 것이다.

원촨(汶川) 지진 으로 인해 붕괴된 베이촨(北川)중학(촬영 2008년 5월 20일)

원촨 지진으로 인해 폐허가 된 재난지역을 복구하여 새로운 신도시로 건설하기 위한 조감도. 2008년 원촨 지진 발생 후 당 중앙과 국무원은 공동으로 10,205억 위안을 투입하여 새로운 도시로 중건키로 하였다. 현재 재난지역 사회경제 발전 수준과 군중의 기본 생활 조건은 재난 이전의 수준을 명확히 뛰어 넘고 있다.

그들은 중국의 자랑이다

오늘날 경제글로벌화와 창조기술혁명의 빠른 변화와 발전은 국제경쟁을 격화시키고 있고, 국내 개혁의 끊임없는 심화와 이익 조정은 모순을 더욱 돌출적으로 나타나게 하고 있으며, 서방가치관의 끊임없는 침투는 도덕적 영역에서 전에 없었던 충돌을 가져오고 있다. 이러한 큰 배경 하에서 애국주의를 핵심으로 하는 민족정신을 응집하는 일은 더욱 중요한 것이다. 발전은 혁신을 떠날 수 없고, 혁신은 발전을 의미한다. 현대의 혁신이론 창시자인 슘페터의 해석에 따르면, 혁신은 바로 새로운 생산함수를 구축하고 전에 없었던 생산요소와 생산조건의 새로운 조합을 생산체계에 도입한다는 것이다. 개혁개방이래 사상이 해방됨에 따라 중국인의 정신은 더욱 분발되었고, 생산력은 크게 발전하게 되었으며, 각 업계의 면모는 모두 새롭게 되어 중국의 경제적 지위는 빠르게 향상되었다. 노벨경제학상을 받은 아서 루이스는 경제발전의 기본요소는 "자연자원, 자본, 지능, 기술이다"라고 말했다. 한계효익체감규칙의 영향을 받아 자연자원과 자본의 경제발전에 대한 공헌도는 점차적으로 감소하고 있다. 장기적으로 볼 때 경제발전은 결국 사람의 창조력과 기술에 의해 결정된다고 하고 있다. 현재 중국의 경제발전은 자원구동, 투자구동에서 혁신구동으로 향하는 경제전형기에 처해 있다. 혁신경제는 당연히 발전을 실현시키는 불변의 선택이다. 중국공산당의 18대 보고에서는 개혁혁신정신을 시종일관 나라를 다스리는 데에 일관적으로 향하게 하고, 끊임없는 이론혁신, 제도혁신, 과학기술혁신, 문화혁신 및 기타 각 방면의 혁신을 추진해야 하며, 끊임없이 중국사회주의제도의 자기완성과 발전을 추진해야 한다고 강조하였다. 그리하여 개혁혁신정신을 대대적으로 선양하고 혁신적인 신형국가건설을 추진하는 것은 과학발전을 실현하는 데 반드시 거쳐야 하는 길이라고 규정했다. 백성은 식량을 생존의 근본으로 여긴다. 한 사람이 하루에 먹는 식량을 1근으로 계산할 때 13억의 중국인이 하루에 먹는 식량은 13억 근이다. 이 식량을 만약 만 톤짜리 배에 실으면 65척에 실어야 하고, 기차에다 실으면 260여 대가 있어야 한다. 중국의 식량공급을 해결하는 것은 역대적으로 제일 큰 문제였다. 중국의 볍씨육종전문가인 위안룽핑(袁隆平)이 추구하는 꿈은 '중국농업의 꿈'이었다. "교잡볍씨의 아버지" 위안룽핑은 평생 두 가지 꿈이 있었다. 하나는 볏모 아래에서 시원한 바람을 쐬는 것이었다. 농업실험용전담의 슈퍼 교잡볍씨가 수수처럼 높게 자라고 벼이삭이 빗자루처럼 크게 자라며 낟알이 땅콩처럼 크게 자라 볏모아래서 여유 있게 시원한 바람을 쐬는 것을 그는 꿈꾸었던 것이다. 다른 하나는 교잡볍씨가 전 세계에 전파되는 것이었다. "이것이 바로 나의 '중국의 꿈'이다. 앞의 것은 진실한 꿈이고, 뒤의 것은 나의 다년간의 꿈이다. 이 두 가지 꿈을 이루는 것이 나의 평생의 목표다"라고 위안룽핑은 말했다. 현재 그가 심은 제3기 슈퍼교잡볍씨는 이미 1무(畝)당 900kg의 목표를 실현하였고, 2013년 4월에는 1무당 1000kg의 제4기 슈퍼교잡볍씨 육종계획을 가동하였다. 물론 "과학의 진보는 끝이 없다. 내가 살아있는 동안 1무당 1000kg도 나는 만족하지 못하며, 볏모 아래서 시원한 바람을 쐴 수 있을 때까지 나는 다시 제5기, 제6기 슈퍼교잡볍씨의 육종을 위하여 전진할 것이다"라고 했다. 국제볍씨연구소 소장인 인도 농업부의 전 부장인 Swamy Knussen 박사는 "우리가 위안룽핑을 교잡볍씨의 아버지라고 부르는 것은 그의 업적이 중국의 자랑일 뿐만 아니라 세계의 자랑이기도 하기 때문이다. 그의 업적은 인류에게 복음을 가져다주었다"라고 말하였다. 중국 "선저우" 시리즈 우주선은 끊임없이 하늘로 날아올라 중국인의 하늘을 나는 꿈을 이루게 해주었다. 양리웨이(楊利偉)를 선두로 하는 우주비행사들을 세계의 눈앞에 나타나게 하여 그들이 스타급 우주비행사가 되게 하였다. 스타 후광의 배후는 중국의 우주비행사업의 급속한 발전에 있으며 중국의 독립자주 혁신성과라고 할 수 있다.

위안룽핑.

"선저우 10호" 우주선은 중국이 10번째 발사한 "선저우"호 우주
선이며, 다섯 번째로 우주비행사를 탑재한 우주선이었다. 2013년
6월 11일 "선저우 10호" 우주선이 발사되어 궤도에서 15일 동안
비행하였다. 기간 우주선과 목표비행기 "톈궁 1호"를 성공적으로
도킹시켰고, 공간과학실험과 우주선 궤도에서의 수리 등의 실험을
진행하였으며, 또한 중국 우주비행사의 우주수업활동도 전개하였다.
유인우주왕복운송시스템은 처음으로 응용성비행을 진행케 하였다.
6월 26일 "선저우 10호" 유인우주선은 선창으로 돌아와 3명의
우주비행사와 함께 안전하게 지상으로 돌아왔다. "이번 비행임무는
나의 어린 시절의 두 가지 꿈을 이룬 것이다. 하나는 하늘을 나는
꿈이고, 다른 하나는 교사의 꿈이다. 이러한 꿈은 하늘에서 수업을
하게 하였다"고 여자우주비행사 왕야핑(王亞平)은 말했다. 그녀는
또 "전국의 청소년 친구들이 모두 아름다운 인생의 꿈을 가지기를
희망한다. 꿈이 있으면 성공한다"고 말하기도 했다. 이때부터
중국은 전면적으로 우주실험실과 우주정거장 연구제작 단계에
들어갔다. 1949년 이래 중국의 우주비행 산업은 완전히 자력갱생에
의존하였다. '선저우' 우주선은 중국이 자체로 연구제작한 완전한
지적소유권이 있는 국제 제3대 유인우주선이고, 그 어떤 것보다도
우월한 우주선이다. 중국인은 독립자주의 연구개발을 통하여
최첨단의 과학기술을 장악할 수 있었으며, 우주비행정신은 바로 중국
자주혁신의 중요한 정신이라고 자랑스럽게 말할 수 있게 되었다.

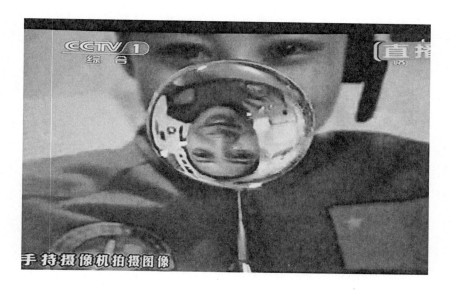

　2013년 6월 20일 오전 중국 최초로 우주 비행을 위한 훈련을 하는 가운데, 여성 우주인 왕야핑(王亞平)이 수구(水球) 안에서 시험을 진행하고 있다. 중심을 잃은 상태에서 액체 표면 장력의 특성을 전시하려는 것으로 투명한 수구를 통해 그녀의 뒤집혀진 상태를 볼 수가 있다.

　칭장(青藏)철도는 세계에서 해발이 제일 높고 선로가 제일 긴 고원철도로서 "천로(天路)"라고 칭해지고 있다. 그는 동쪽 칭하이 시닝(西寧)시에서 시작하여 남쪽 시장(티베트) 라사시까지이며 전체 길이는 1,956km이다. 중간에 탕구라(唐古拉)산을 넘어야 하는데 제일 높은 지점은 해발 5072m이며 또 시장자치구의 안둬(按多), 나취(那曲), 양바징(羊八井)을 지나 라싸에 도착한다. 그중에 해발 4000m 이상의 구간이 960km이고, 동토구간이 550km이다. 1950년대부터 중국은 과학기술력을 조직하여 많은 실험과 연구를 진행하였고, 자주혁신을 통하여 칭장 철도의 건설은 다년간 동토, 산소결핍, 생태취약 등 3대 세계적인 공정의 난제를 극복하였다. 그뿐만 아니라 고원의 파란하늘, 맑은 호수, 진귀한 야생동물을 보호하기 위하여 칭장철도는 환경보호에만 20여 억 위안을 투자하였으며, 이는 공정 총 투자의 8%를 차지하는 액수였다. 현재 중국정부의 환경보호 투자가 제일 많은 철도건설 항목이다. 칭장 철도는 국내에서 처음으로 체계적으로 철로 연선 야생동물들의 움직이는 습성을 연구케 하였으며, 100여 km의 동물통로를 건설하고, 중국의 고해발지대의 식생회복연구와 공정실천을 혁신한 것이었다. 물론 고원에서 철도를 건설하는 것도 세계 제일이 되었다. 1984년 40세 류촨즈(柳傳志)는 "첨단기술산업화"를 시도해보는 꿈을 가지고 11명의 과학기술연구원과 함께 중국 과학원 컴퓨터연구소의 20㎡가 안 되는 작은 단층집에서 레노보(聯想) 회사를 설립하였다. 근 30여 년간의 시간에 과학기술 혁신을 통하여 회사는 초기자본금이 겨우 20만 위안의 작은 회사에서 매년 영업이익이 300억 달러에 달하는 빅맥-레노보그룹이 되었으며, 전세계 PC의 정상에 우뚝 올라섰다. 현재 레노보 그룹은 160여 개 나라와 거래하고 있고, 관계를 맺고 있는 64개 나라와 지역에 지사를 두고 있으며 11개 제조기지가 있고, 유럽, 미국, 아시아 3개 대륙에 연구개발센터가 있으며, 세계 500위에 들어있다. HP, 델과 같은 과거 IT의 거두들이 온갖 궁리를 다하여 어떻게 PC거래 비율을 줄일 것인가를 계획하고 있을 때 레노보그룹의 명예회장 류촨즈는 정상에 오르는 희열을 누리고 있었다. 레노보의

류촨즈.

성공은 하루아침에 나타난 것이 아니다. 예전에 겪었던 고난에 대하여 류촨즈는 "레노보에서 부딪혔던 일촉 즉발의 시기를 나는 견뎌 냈다. 나는 사명을 지니고 있었기 때문이다"라고 말했다. 그의 마음에는 줄곧 레노보는 민족기업의 깃발을 높이 들 수 있을 것이라고 생각했다.

그는 창업은 마치 전진하는 열차와 같아 끊임없이 사람들이 오르고 내리고 하지만 더욱 먼 곳으로 가는 사람이 있다고 여겼다. 만약 당신이 크게 성공하고 싶으면 더욱 고생할 준비도 해야 한다. 즉 "어려움이 많지만 동요하면 안 된다"는 것이었다. 오늘의 레노보는 이미 진정한 의미의 글로벌기업으로 성장하였고, "중국의 기업군단"으로 세계에 융합되어 전 세계를 이끄는 리더가 되었다. 베이징시의 서북부에 마을은 아니지만 '촌'으로 불리는 곳이 있다. 그곳이 바로 "중국의 실리콘 밸리"라고 불리는 중관촌(中關村)이다. 1980년대 초 중관촌은 여전히 "전자상가"였다. 일부 중국에서 첨단기술 사업을 개척하고자 하는 사람들이 여기에 모여 외국에서 수입한 각종 전자상품의 부품들을 조립하여 소비자에게 팔았다. 거의 아무런 연구개발과 혁신능력이 없었다. 하지만 오늘날

여기는 이미 중국의 첫 번째 국가급 첨단기술산업 개발구, 첫
번째 국가자주혁신 시범구, 중국에서 제일 큰 첨단기술단지로
성장했으며, 규모적으로는 이미 미국의 "실리콘밸리"에 뒤지지
않고 있다. 여기에서 생산한 상품은 90% 이상이 세계 선진수준과
비슷하다. 중관촌에서 아무 회사의 연구개발부서의 문을 열고
연구원들이 가지고 있는 과학연구항목을 보면 모두 깜짝 놀랄
것이다. 이는 그들이 종사하는 연구개발 항목이 세계 최첨단기술을
추월하고 있기 때문이다. 한왕(漢王)과학기술유한공사 공정사
장하오펑(張浩鵬)은 현재 시장의 80% 이상이 손으로 한자를
입력하는 기능을 가지고 있는 핸드폰을 사용하고 있는 것은 모두
한왕과학기술회사에서 연구개발한 기술이라고 소개하였다. 다년간
환왕과학기술회사는 줄곧 매출액의 10%를 신제품의 개발에
투자하였다. 현재 한왕과학기술회사는 손으로 한자쓰기식별,
지능화교통관리, 스마트컴퓨터 등 기술연구개발에서 모두
엄청난 성과를 거두었고, 많은 지적소유권기술을 가지고 있으며,
종합기술수준이 국내외에서 모두 선두를 점하고 있다. 한왕과학기술
회사처럼 이런 자주혁신을 통하여 성공한 중국기업은 중관촌에서
적지 않다. 중관촌과학기술단지 관리위원회의 책임자는 국제적으로
매년 기업의 신기술연구개발에 대한 투자가 대략 매출액의
5%~8%정도라고 말하고 있다. 현재 중관촌 단지에 1.7만개 기업이
모여 있고, 그들의 연구개발투자는 대부분 이 비율을 초과하였다.
어떤 관계자는 "중관촌의 우월한 기술이 비교적 뚜렷한 것의

하나는 직접회로 설계인데, 이는 개인단말기제품의 설계를 포함하고 있다"고 한다. 바로 핸드폰, MP3, MP4 등이 그것이다. 이 외에 생물의약영역에서도 중관촌은 매우 강한 기술적 기반을 가지고 있다"고 말했다. 베이징과학생물제품유한공사는 현재 이미 중관촌 생물의약영역의 리더가 되었다. 심지어 20세기 말 중국이 아직 자체적으로 A형간염백신을 연구 생산하지 못하여 중국 어린이들은 다른 나라에서 연구 생산한 백신을 사용할 수밖에 없었다. 이것은 과학생물 책임자 윤웨이둥(尹偉東)의 혁신에 대한 열정을 불러일으켰다. 그는 중국의 어린이들이 중국에서 자체적으로 연구생산한 고품질의 A형간염백신을 사용할 수 있게 하겠다고 결심하였다. 다년간의 노력을 통하여 윤웨이둥과 그의 팀은 1999년에 마침내 성공적으로 중국의 첫 번째 A형간염백신을 연구 개발해 냈다. 이 백신의 대량생산을 위하여 그들은 거대한 자금을 투자하여 산업화 설계방안을 제정하고 엄격하게 국제표준에 따라 백신생산기기를 설립하였으며, 동시에 백신연구개발 플랫폼을 구축하였다. 이 플랫폼은 '사스' 바이러스와 조류독감백신 연구개발과정에서 중요한 작용을 하였다.

중국의 실리콘밸리 - 베이징 중관촌(中關村) 전경도. 중관촌은 중국 고급 과학기술
센터로 중국 최고의 인재들이 모여드는 곳이다. 중관촌의 기적은 당대 중국 도시 현대화
건설의 상황을 축약하여 잘 보여주고 있다.

중화문명은 유구하며 "중국정신"은 끊임없이 발전하여 중화민족이 용감하게 앞으로 전진하도록 비춰주는 영원한 등대가 되고 있다. 오늘날 중국은 사회전환기, 개혁극복기에 들어서서 정신역량의 작용은 더욱 뚜렷하게 나타나고 있다. 중국이 세계를 향하고, 현대화를 향하며, 미래를 향하여 나가는 과정에서 개혁 혁신은 "중국정신"의 주요 선율이 되었고, 개혁혁신을 핵심으로 하는 진취적이고 진실 되게 실무를 추구하며 용기 있게 앞으로 나아가는 시대정신은 당대 중국인의 중요한 사상관념과 가치를 추구하는 방향이 되었으며, 동시에 세계의 흐름도 "중국정신"에 융합되고 있다. 비록 역사상 전혀 없었던 높은 자리에 서 있게 되었지만 전면적으로 소강사회를 건설하고 개혁개방을 심화하는 목표를 실시하고 있는 중국은 여전히 수많은 어려움과 도전에 직면하고 있다. 진일보한 개혁혁신은 당면한 문제를 해결하는 유일한 경로이다. 개혁 혁신이 완성되지 않았을 때 역사의 새로운 기점에 서 있는 중국은 "중국의 꿈"을 실현하는 과정에서 개혁의 어려움은 더 컸다. 사상관념의 장애를 돌파하든, 아니면 이익만을 추구하는 견고한 울타리를 타파하든, 발전의 난제를 해결하든, 아니면 개혁보너스를 방출하든 모두 개혁 혁신정신을 발휘해야 하며, 산을 만나면 길을 열고 물을 만나면 다리를 놓아 각종 장애와 고난을 건너야 한다. 이 시각 오직 개혁의 정신과 혁신의 사상으로 새로운 생각으로 새로운 상황을 연구하고 새로운 방법으로 새로운 문제를 해결하며 새로운 조치로 새로운 국면을 개척하여야 발전에 따르는 난제를 해결할 수 있으며, 개혁개방을 위한 끊임없는 심화과정에 강대하고 지속적인 정신동력을 제공할 수 있는 것이다. 웅장한 개혁실천 중 중화민족은 애국주의를 핵심으로 하는 민족정신을 진일보 발전시키고, 또한 개혁혁신을 핵심으로 하는 시대정신과 함께 합류하고 융합되며 녹아들어 더욱 눈부시게 빛나 원자핵과 같은 에너지를 방출했다. 왜냐하면 유구한 애국주의 전통은 깊은 역사가 있고 시대와 함께하는 개혁혁신 실천에는 새로운 시대의 의미가 있기 때문이다. 이것이 바로 "중국정신"이고 당대 중국과 중화민족의 정신적인 면모를 묘사한 것이라고 할 수 있다.

"중국 정신" 과 "중국의 꿈"

민족정신과 시대정신은 한 민족이 세계민족 속에서 자립하고 끊임없이 생존하고 발전하는 정신적인 지탱이다. "중국정신"은 "중국의 꿈"을 실현하기 위하여 마음과 힘을 응집한 것이다.

1987년 선전에서 시작한 화웨이(華爲)기술유한공사는 2만 위안으로 시작한 10여 명의 팀이었다. 농촌에서 전화교환기 설비를 판매하던 판매상에서 현재 매년 영업수입이 3, 4백억 달러가 되는 전 세계 선두에 서 있는 정보와 통신문제의 해결방안을 공급하는 상인이 되었다. 현재 화웨이의 제품과 해결방안은 이미 전 세계 140여 개 나라에서 응용되고 있고, 전 세계 1/3의 인구에게 서비스를 제공하고 있다.

화웨이의 책임자 런정페이(任正非)는 가난한 가정에서 태어난 매우 소극적인 사람이었다. 중국의 많은 민영기업가 중에게는 대부분 가난의 그림자를 찾을 수 있다. 하지만 그들의 고통과 어려움을 참는 강한 의지의 품성은 왕왕 창업시기의 정신적인 폭발과 응집력이 있었기 때문에 갖출 수 있었던 것이다.

런정페이(인민화보사 자료).

한번은 런정페이와 동료가 탄 차가 진흙구덩이에 빠졌다. 런정페이는 바로 차에서 내려 신발과 양말을 벗고 진흙구덩이에 뛰어들어 차를 밀었다. 직원들도 이것을 보고 앞 다투어 차에서 내려 힘을 모아 차를 진흙구덩이에서 밀어냈다. 직원들은 그때의 상황을 회억하며 지금도 그에 대한 경외로움을 금치 못한다. 바로 런정페이의 이런 앞장서는 정신이 당시 회사의 재료가 극히 부족한 어려움을 극복하고 회사의 모든 직원들이 일에 최선을 다하여 스스로 아름다운 소망을 실현하기 위하여 한마음 한뜻으로 노력하게 하였다.

런정페이는 "화웨이는 배경도 없고 아무런 귀한 자원도 없으며 의지할 곳은 더욱 없었다. 힘을 다하여 운영하며 자력갱생을 위해 각고 분투하는 수밖에 다른 방법이 없었다.

어떠한 시기에도 외부의 오해 또는 의심으로써 화웨이의 분투하는 문화를 동요시키지는 못할 것이며, 어떠한 시기에도 화웨이의 발전으로 인하여 화웨이가 갖고 있는 근본정신, 즉 각고 분투하는 정신을 버릴 수는 없다"고 말했다. 그는 화웨이의 영혼이다. 화웨이의 직원들은 이렇게 말한다 "그의 마음에는 사랑이 있다. 이 사랑은 고객, 동료와 가족에 대한 관심과 정성에서 표현될 뿐만 아니라, 조국과 회사에 대한 사랑과 충성으로 표현되고 있다." 화웨이의 직원들에게서 나타난 것은 꿈이 있고 이상이 있으며, "중국정신"의 의미가 있는 기업문화와 기업정신이다.

조국과 멀리 떨어져 있는 남 수단에서 평화유지를 견지하기 위해 10번째로 남 수단에 간 중국의 평화유지 공병대대 275명의 군인들은

TV와 인터넷 등 매체를 통하여 '중국의 꿈'의 보도를 보고 난 후 평화를 위하여 헌신하고 세계평화를 유지하는 견고한 힘이 되는 사명감이 커졌다고 한다.

처음으로 평화유지에 참가하는 정공조장(政工組長) 쉬멍린 (徐孟琳)은 "비행기에서 내리자마자 격추당한 낡은 비행기 두 대가 활주로 옆 수풀 속에 가로누워 있는 것을 보았고, 차를 타고 평화 유지군 주둔지로 가는 길에 총을 지닌 무장인원들이 수시로 보이며, 평화유지군 주둔지의 주변에 높이 솟아 있는 방어용 뚝, 그리고 높이 설치된 철조망은 시시각각으로 여기는 전쟁의 포연이 가득한 곳이라는 것을 일깨워주었다"고 말했다.

전쟁의 참혹함을 보아야 평화의 소중함을 안다. 쉬멍린과 전우들의 마음속에는 평화와 안정된 환경이 없으면 아무 것도 할 수 없으며, 중화민족의 위대한 부흥을 목표로 하는 "중국의 꿈"도 실현하기 어렵다는 이런 신념이 더욱 확고해졌다 이미 네 번째 유엔 평화유지프로젝트에 참가한 엔지니어 량윈하이(梁云海)는 "강대 한 조국이 있어야 우리의 자신감과 존엄도 있다!"고 말했다.

량윈하이는 "중국의 지위가 끊임없이 향상되어 많은 외국 친구들은 중국을 얘기하면 모두 엄지를 추켜세운다. 그들은 중국은 이미 '세계무대의 중앙'에 들어왔으며 근면하고 지혜로운 중국인민은 끊임없이 새로운 기적을 창조할 것이다"라고 표현한다고 하였다. 재배기술을 전수하고 도로건축을 도와주며 생활용품을 후원하는 중국평화유지군은 이국타향에서 행동으로 평화를 전달하고 진심으로 우의를 쌓으며 현지 주민들의 신임과 지지를 얻고 있으며, 많은 사람들의 마음에 아름다운 '중국의 꿈'을 심어주고 있다.

"'중국의 꿈'은 우리 모두와 밀접하게 연관되어 있으며 그것을 실현하는데 이들 모두는 훌륭한 인재라 할 수 있다. 평화유지군으로서 우리의 견고한 지킴과 헌신은 바로 '중국의 꿈'을 실현하기 위하여 공헌을 하고 있는 것이다"라고 대대장 훠홍카이(霍洪凱)는 말했다.

30년 임업작업을 한 리칭훼이(李慶會)의 제일 큰 꿈은 하늘이 파랗고 땅이 푸르고 물이 맑게 하는 것이다. 간수성(甘肅省) 장예시(張掖市) 바단지린(巴丹吉林) 사막 남단의 드넓은 누런색에 줄지어 늘어서 있는 녹색 숲이 유독 사람들의 눈을 끈다. 그것은 전부 백양나무 숲이다. 이것이 바로 리칭훼이가 현지 농민들을 이끌고 심은 핑촨진(平川鎭) 모래사장에 조림한 시범지역이다. 리칭훼이는 "여기서 나무 한 그루를 살리는 것이 아이 한 명 키우는 것보다 더 힘들다! 백양나무는 토양을 따지지 않고 조건을 따지지 않으며 열악한 조건에서도 잘 자랄 수 있어서 나는 백양나무를 교만하고 사치스럽지 않은 나무라고 한다"고 말했다. 리칭훼이는 1986년부터 간수성농업대학 임업학원을 졸업 후 줄곧 임업연구와 관리업무에 종사해왔다. 그는 자신의 꿈을 실현하는 것은 힘든 과정이고, 20~30년의 시간이 필요하지만 나의 꿈은 반드시 이루어질 것이라고 말했다.

모래문제를 다스리는 공인들이 집(集)2국제철로 간선 건설작업장에서 집단적으로 일하고 있다. 집2국제철로(내몽고 자치구인 우란차푸[烏蘭察布]의 지닝(集寧) 남쪽 역으로부터 중국과 몽고의 접경지역인 얼렌하트[二連浩特]까지의 철로)는 전장 331키로로 울란바토로와 모스크바를 연결하는 국제적 철로 간선이다.

  중화민족의 유구한 역사 속에서 애국주의는 줄곧 민족정신의 작용을 발휘하고 시종일관 중화민족을 강하게 단결시키는 핵심역량이 되어왔다. 시대정신은 민족정신을 계승한 기초 위에서 시대변화에 적응하고 시대발전을 이끄는 정신역량이며, 개혁개방의 실천역정 중 배양되고 형성된 것이다. 민족정신과 시대정신은 중화민족의 강한 정신적 지주이며 양자는 서로 지탱하고 서로 융합되며 서로 참고하여 함께 "중국정신"의 본체를 구성하였으며, 또한 민족의 생명력, 창조력과 응집력에 깊게 스며들어 있다.

화해(和諧)의 아름다움(인민화보사 자료).

　"중국의 꿈"을 실현하는 새로운 노정에서 위대한 "중국정신"을
대대적으로 선양하여 중국인의 흥국의 꿈, 강국의 혼을 현대화과정에
융합시키면, 중국은 반드시 생기 넘치는 미래를 향해 나아갈 것이며,
끊임없이 중국특색의 사회주의 신천지를 개척해 나갈 것이다.

마치는
글

꿈을 실현하는 그 길은
아직도 얼마를 가야 하는가?

새로운 역사시기 "중국의 꿈"의 본질은 나라가 부강하고 민족이 부흥하며 국민이 행복해지는 것이다. 우리의 목표는 2020년 국내 총생산액과 도시주민 1인당 평균수입이 2010년을 기준으로 4배 성장하여 전면적으로 소강사회를 건설하는 것이다. 21세기 중엽에는 부강, 민주, 문명, 조화로운 사회주의 현대화 국가를 건설하고, 중화민족의 위대한 부흥이라는 중국의 꿈을 실현할 것이다.

- 시진핑

5000년의 문명사는 "중국의 꿈"에 풍성한 역사적 성과를 남겨 주었고 신 중국의 현대문명은 "중국의 꿈"에 날개를 달아주었다.

현재의 중국은 "선저우 10호"가 하늘로 날아오르고 교룡이(蛟龍)이 바다로 들어감에 따라 이미 꿈을 실현하는데 있어서 제일 가까운 시기에 와 있다. 하지만 꿈은 여전히 꿈이다. 결국 아직 완전히 현실로 되지는 않고 있는 말이다. 개혁개방의 심화에 따라 중국의 경제는 거대한 발전을 가져왔지만 아직 "중국의 꿈"의 실현을 지원해주는 데는 역부족이다. 인민의 생활수준도 장족의 발전을 가져왔지만 아직 보편적인 소강수준에는 도달하지 못하고 있다. 현실 속의 거주, 양로, 식품, 환경, 교육까지 일련의 문제들은 여전히 일반민중의 행복감을 희석시키고 있으며, '중국의 꿈'은 보통 중국인에게 가깝기도 하고 멀기도 하다. 2010년 중국의 GDP는 일본을 초월하여 세계 두 번째 경제대국이 되었다. 특히 세계경제가 밑바닥으로 떨어졌을 때 중국의 경제발전은 갈수록 세계의 주목을 받았다. 2012년 2월 유엔경제사회사업부에서 발표한 『2013년 세계경제 형세와 전망』이라는 보고에서는 2013년 세계경제는 계속 불황을 유지할 것이며, 또한 2년 안에 또다시 쇠퇴의 큰 위험국면에 직면할 것이라고 예측하였다. 중국의 2012년 경제성장속도는 7.8%였다. 비록 최근 몇 년간에 제일 낮은 수준이었지만 여전히 각 나라에서 부러워하는 성장률이었다. 모건 스탠리 아시아 전 회장 스티븐은 "성장 동력이 매우 필요한 세계에서 균형적으로 발전하는 중국경제는 기타 나라에 매우 큰 기회를 제공할 것이다"라고 평가하였다.

저장(浙江)성 안지(安吉)현은 중국에서 유일하게 세계 여러 나라 사람들이 거주할 수 있는 현으로 인정받았다. 사오첸하이(邵全海) 촬영.

중국경제 총량의 업적이 뚜렷하고 성장이 느리지는 않지만, 1인당 평균 소득은 아직 낮으며, 산업구조는 합리적이지 않고, 지역발전이 불균형하며, 도시와 농촌간의 격차가 점차 커져서 갈수록 중국경제가 진일보 적으로 발전하는 것을 저애하는 수갑이 되고 있고, "중국의 꿈"을 실현하는데 최대의 적이 되고 있다. 1인당 평균수입이 낮아 초래되는 직접적인 형상은 소비의 불경기이다. 하지만 투자와 소비는 언제나 중국경제성장의 두 개의 원천이다. 최근 몇 년간 소비와 수입 간의 제일 큰 모순은 집중적으로 부동산의 구매력에서 표현되었다. 바로 이 점을 고려하여 중국정부는 수차례에 걸쳐 부동산의 통제를 강화하여 부동산 시장이 건강하고 질서 있게 발전하도록 유도하였다. 한편으로는 적극적으로 정책을 제정하여 투기성 부동산 행위를 제한하고 M2의 증가속도를 억제하고 20%의 부동산 재매매의 소득세를 징수하였다 다른 한편으로는 보장성 주택이 더욱 많은 군중에게 혜택이 가도록 하였다.

할아버지와 손자가 즐겁게 함께하는 모습.

"신선한 공기와 깨끗한 물"이 국민들이 건강하게 생활하는데 필수적이듯이 주거환경에서 파란 하늘과 하얀 구름아래서 행복하게 생활하게 하는 것도 "중국의 꿈"의 중요한 사항이다. 2013년 1월 이래 중국 북방의 많은 곳에서 PM2.5는 심각하게 기준치를 초과한 것으로 공기가 매우 오염되어 있었다. 전국인민대표대회 댜표이고 중국공정원 원사이며 호흡기 계통 질병전문가인 종난산(鍾南山)은 공기오염은 호흡계통, 신경계통, 심혈관계통에 해를 끼칠 뿐만 아니라 폐암과도 밀접한 관계가 있다고 말했다.

2013년 1월 29일 맑은 새벽의 베이징 티엔탄(天壇). 통계에 의하면 그 달 31일 동안 25일이 안개가 자욱한 날씨였다. 생태문명건설은 "중국의 꿈"을 실현하는 중요한 내용이다.(쉬쉰[徐迅] 촬영).

거침없는 경제성장의 필연적인 결과는 자원에 대한 지나친 약탈과 환경에 대한 심각한 파손을 가져왔다. 자원의 끊임없는 고갈과 환경오염이 날이 갈수록 심각해지고 생태계통의 심각한 퇴화의 엄중한 상황 앞에 중국공산당의 18대 보고에서는 처음으로 전문적인 문장으로써 생태문명을 논술하였고, 처음으로 "녹색발전, 순환발전, 저탄소발전을 추진한다"와 "아름다운 중국을 건설한다"를 제기하고 생태문명건설을 우선순위에 놓았다. "중국의 꿈"의 실현, 국민행복의 만족은 주택, 환경 등의 조건에만 그치는 것이 아니다. 실제로 교육과 의료도 국민행복의 주요 요소이다. 만약 양호한 교육과 의료조건이 없으면 행복의 질도 많이 떨어지게 되는 것이다. 현 단계의 중국 교육은 문제점이 비교적 많고 자질교육과 응시교육의 모순이 돌출되어 있으며, 학술연구 수준이 매우 낮은 상태이다. 의료문제도 적지 않다. 의사와 환자간의 관계가 긴밀하지 못하고, 보통 국민들의 병을 치료하는 게 어려우며, 모든 문제는 정도 상에서 중국사회의 조화로움과 안정의 장애가 되고 있다. 이런 민생문제를 해결하는 것은 이미 "중국의 꿈"을 실현하는 전진의 길에서 피해 갈 수 없는 벽이 되었다.

2013년 7월 2일 만리창공의 베이징(판즈왕[潘之望] 촬영).

"중국의 꿈"의 긴 화폭은 이미 펼쳐졌다. 나라 꿈이 담긴 긴 화폭에다 지방정부는 지나간 5년 동안의 발전 성적표를 진지하게 정리해 놓았고, 미래 5년 발전의 노선도를 배치하여 "중국의 꿈"의 청사진을 더욱 구체적이고 진실하게 그렸다.

상대적으로 발달한 동부지역은 혁신적인 구동전략을 전체 국면을 발전시키는 핵심위치에 놓았고, 전형을 업그레이드하며 혁신구동 할 것을 강조하였다. 예를 들어 상하이는 자주혁신능력을 증강시키기 위해 구조조정, 방식전환을 중심으로 하여 지적재산권에 대해 전력을 기울일 것을 선언했으며, 2020년까지 1만 명당 국내발명 특허가 60건에 달하게 할 것이라고 했다. 저장(浙江)은 5년간의 노력을 통하여 연구개발 투자, 연구개발인원, 발명특허, 신제품생산액과 첨단기술생산액 등을 "5배 증가"시킬 것을 계획하였다. 텐진(天津)은 2016년까지 연구와 실험발전 경비지출의 비중이 생산총액의 3%를 초과하게 하여, 더욱 많은 "비장의 카드" 상품을 보유한 과학기술의 작은 거인기업들을 만들어 낼 계획이다. 광동은 "자주혁신은 여전히 단점을 돌출시킨다"고 인정하고, "개혁은 광동의 뿌리이고 광동의 혼이다"라고 강조하였다. 광동은 행정체제의 개혁을 더욱 심화시키고 행정심사제도 개혁의 선행을 추진할 것이며, 시와 현의 행정심사 항목을 40% 전후로 감축하기로 결정하겠다고 하였다. 중서부지역 특히 서부지역도 남보다 뒤지지 않으려고 향후 5년간의 경제속도에 대한 기대치를 높여 일반적으로 모두 12%전후로 정하였다. 이들 성은 "2020년에 전국의 각 성과 더불어 함께 전면적인 소강사회를 건설한다"는 것을 원동력으로 하였는데, 그 중에서도 윈난(雲南)은 "후발주자로서 추격할 것"이고, 꿰이저우(貴州)는 "저지대를 뚫고 나갈 것"이며, 간수(甘肅)는 "발전을 뛰어넘을 것"이라고 하였다. 2017년에 안훼이(安徽)의 경제총생산량은 도시주민 1인당 평균수입이 2012년보다 두 배 성장하였고, 전략적인 신흥산업 증가액과 서비스 증가액이 2배 이상 성장하였으며, 장시(江西), 산시(山西) 등은 경제총생산량, 재정수입, 주민수입의 3배를 실현하였고, 닝샤(寧夏)의 생산총액, 지방공공재정 예산수입, 전 사회고정자산투자와 사회소비품 소매총액 등의 지표가 배로 늘었다. "예전의 4가지 현대화"(공업현대화, 농업현대화, 국방현대화, 과학기술현대화)에서 "새로운 4가지 현대화"(신흥공업화, 정보화, 도시화, 농업현대화)까지는 중국이 현대화를 실현하기 위해 반드시 거쳐 가야 할 길이다. 각지에서는 보편적으로 도시화 전략에 대하여 중요시하지만, 도시화는 간단하게 "프로젝트가 토지를 점하고 농민이 아파트에 들어가는 것"을 말하는 것이 아니다. 미래 중국도시화의 핵심은 반드시 사람의 도시화이며 사람의 생활의 질을 향상시키는 것이다. 산둥은 도시화를 내수의 제일 큰 동력으로 하고, 도시화의 "품질을 향상시키고 속도를 가속화하며 도시와 농촌을 일체화 시키는 행동"을 가동하여 업무중점을 중소도시와 작은 소도시 발전의 가속화에 주력하였다. 허베이(河北)도 도시화를 내수 확대를 제일 큰 잠재력으로 여기고 계획된 리더 역할을 발휘하면서 도시화의 발전을 속도확장에서 품질향상으로 전환하도록 추진하겠다고 했다. 이는 "농민이 들어올 수 있을 뿐만 아니라 남을 수도 있고, 모두에게 더욱 발전할 수 있게 하도록 한다"는 의미이다. 2013년 산시는 호적제도의 개혁을 실시하는데 대한 의견을 수렴할 수 있도록 거주증 제도를 실행하고, 사회보장, 자녀공부, 보장성주택 등 문제를 잘 해결하며,

농업으로부터의 이전인구를 시민화 할 수 있도록 질서 있는 추진을
도모하고 있다. 미래의 중국은 GDP가 더 이상 발전을 측량하는
주요 지표가 되도록 하는 것이 아니고, 이를 대체하는 것으로
"아름다운 중국"을 추구하는 것이다. 베이징의 다음 단계인 오염을
다스리는 중점내용은 대기오염을 다스리고, PM 2.5를 다스리는
강도를 강화하는 것이며, 석탄, 차량교체, 먼지 감소 등 공기 중 주요
오염물질의 연평균 농도를 2%로 낮춘다는 것이다. 18만 대의 낡은
자동차를 폐기하고, 공공버스, 환경위생, 정부기관에서 신재생에너지
자동차를 사용케 한다고 했다. 도시의 1600톤 석탄보일러, 4.4만호
단층집 난방의 청결에너지 교체를 완성하며, 2015년 말까지 모두
중심도시가 '무연(無煙)'의 도시로 되는 것을 실현시키겠다고 했다.
네이멍구(內蒙古)는 에너지소비총량을 통제하는 방안과 조치를
출범시키고, 에너지절약 교역시범에 대한 연구를 전개하였으며,
삼림초원을 활성화시켜 흡수원기지를 건설하고, 이산화탄소 흡수원
교역시장을 육성하며, 이산화탄소 흡수원 교역을 추진하고, 이
지역의 풍부한 이산화탄소 흡수자원을 충분히 이용할 것이라고
했다. 시장(西藏, 티베트)은 시범적으로 광산, 물, 전기 등 자원개발
생태보상체제를 전개한다고 하였다. 푸젠(福建)은 녹색생태의
병풍을 구축하고 중대한 생태복원 공정을 실시하며, 생물의 다양성을
보호하고 광산자원 개발을 질서 있게 정돈하고 규범화하며, 400만
무의 수토유실처리업무를 완성할 것이라고 제시하였다.

메밀꽃이 만개한 스촨(四川)분지.

　"웅장하고 험준한 관문"의 어제는 이미 지나갔고, "파란만장한 세상"의 오늘은 진행 중에 있으며, "원대한 포부를 펼칠 내일이 있는 중국인이 실현될 수 있기"를 기다리고 있다. "백리 길을 가는 사람은 구십 리를 반으로 잡는다"는 말처럼 중국인은 오늘처럼 이렇게 꿈에 그렸던 목표와 가까웠던 적이 단 한 번도 없었다. 비록 전진의 길에서 중국은 아직도 이런 저런 어려움과 고난을 만날 수 있겠지만, 중국이 발전의 길을 따라 용감하게 앞으로 나아가면 중화민족의 위대한 부흥은 머지않아 실현될 수 있을 것이라 믿어 의심치 않는다.

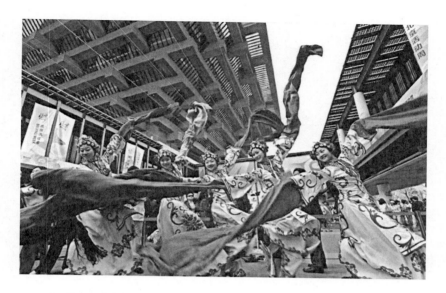

 2010년 5월 4일 상하이세계박람회 중 "베이징 활동주간" 때의 야외 공연모습(리천[李晨]
촬영).

부록

부록

전 세계가 "중국의 꿈"을
열렬하게 토론하다

1. 국내외의 유명 인사들이 "중국의 꿈" 을 마음껏 이야기하다

국무위원 양제츠(楊洁篪)

"중국의 꿈"은 국가부강, 민족부흥, 국민행복을 실현하는 것이며, "미국의 꿈"을 포함한 세계 각 나라 국민의 아름다운 꿈과 서로 융합되고 서로 통하며 서로 협력하고 보완하여 각자의 능력을 잘 나타낼 수 있게 하는 것이다.

국무원 매스컴 사무실 전 주임 자오치정(趙啓正)

세계에 대한 공헌을 추구하는 것은 "중국의 꿈"의 중요한 국제적 내용이다. "중국의 꿈"이 추구하는 것은 중국발전과 세계발전이 동행하고 중국의 부유함과 세계의 부유함이 동행하는 것이다.

"중국의 꿈"의 실현은 세계의 발전에 유익하다. 각 나라의 서로 다른 꿈은 서로 다른 역사배경과 문화의 선택이다. 하지만 아름다운 꿈이 추구하는 것은 모두 국가가 부강하는 것, 국민이 부유해지는 것이다.

중국 외국어 출판발행 사업국 국장 저우밍웨이(周明偉)

지금은 모든 중국인이 꿈을 추구하고 꿈을 실현하는 위대한 시기이다. 개혁개방 30여 년간 억만 중국인이 분발하고 자강불식하여 조국의 면모와 인생의 운명을 변화시켰으며, 세계가 주목하는 기적을 창조하였다. 새로운 역사의 기점에서 "중국의 꿈"은 중국인이 국부민강(國富民强)을 실현하고, 민족의 자질을 고양시키고 정신적인 추구를 끊임없이 향상시키는 것과 떼놓을 수 없는 동력이다.

중공중앙당 간부학교 부교장 리쥔루(李君如)

중국이 근대사회에 들어선 이래 중국인의 이상과 추구는 세계현대화의 발걸음을 따라잡고, 낙후한 농업국가가 선진공업국가로 변화하는 것이며, 사회주의 현대화와 중화민족의 위대한 부흥을 빨리 실현하는 것이었다. 이 꿈은 여러 세대 중국인의 숙원을 응집한 것이었고, 중화민족과 중국인민의 전체적인 이익을 나타낸 것이며, 모든 중화의 아들딸들이 공통적으로 바라는 것이고, 중화민족의 역사적 자각이다.

프랑스 주재 중국대사 우젠민(吳建民)

어떠한 나라도 굴기와 빠른 발전 시기에는 모두가 많은 성공적인 인사들을 배출한다. 오늘의 중국이 바로 이런 시기이다. 역사상 어떠한 국가의 굴기도 자체적인 꿈을 떠날 수는 없다. "중국의 꿈"과 그들의 꿈을 비교할 때 한 가지 공통점이 있다. 바로 이런 꿈은 여러 사람들이 또 다른 여러 사람들과 공동으로 노력하고 분투하는 가운데 성공할 수 있기를 서로 지지하고 응원해 주어야만 한다는 것이다.

중국계 미국인 물리학자, 노벨 물리학상 수상자 양전닝(楊振寧)

최근 수십 년간 중국의 발전은 전체 중화민족에게 새로운 미래를 주었고, 그 결과 "중국의 꿈"이 생겨나게 되었다. 나는 "중국의 꿈"은 실현될 수 있다고 생각한다. 나는 국내에서 10여 년간을 지냈다. 그래서 나는 능력 있고 결단이 있는 젊은이들이 헤아릴 수 없이 많음을 잘 알고 있다. 물론 문제도 존재하지만 이것은 피할 수 없는 것이다. 중국이 수십 년 안에 수백 년간 발전해온 서양의 성과를 따라잡으려면 이러한 문제들은 피할 수 없는 것이다. 하지만 우리는 각종 방면에서 매우 많은 문제를 극복할 수 있다는 능력을 모두 증명해 보였다. 그래서 나는 "중국의 꿈"을 실현할 수 있다는 사실에 매우 낙관하는 편이다.

중국 과학원 원사 왕즈전(王志珍)

과학자의 "중국의 꿈"은 바로 중국 스스로 과학자를 배양하여 중국의 과학연구가 세계적으로 우뚝 서는 것이다.

교잡볍씨육종 전문가, 중국공정원 원사 원융핑(袁隆平)

나는 두 개의 "중국의 꿈"이 있다. 하나는 벼가 수수처럼 크게 자라고, 벼이삭이 빗자루처럼 자라며, 낟알이 땅콩처럼 크게 자라서 매 무(畝)당 1000kg을 생산하는 목표를 빠른 시일 안에 돌파해 내는 것이다. 다른 하나는 교잡볍씨가 전 세계에 전파되는 것이다.

레노보주식유한공사 회장, 집행위원회 주석 류촨즈(柳傳志)

나의 "중국의 꿈"은 바로 레노보를 더욱 잘 운영하는 것이다. 여기에 중국의 부강을 위하여 힘을 보태 레노보의 직원들이 더욱 행복하게 생활하게 하는 것이다. 또한 백성들의 생활이 더욱 행복해지도록 책임지는 일부분이 되는 것이다.

알리바바 그룹 이사회 주석 마윈(馬云)

이른바 "중국의 꿈"은 전 중국을 하나의 꿈으로 통일하는 것이 아니라, 13억 인이 서로 다른 꿈을 가지고 있으므로 오늘이 있고 내일이 있게 되는 것이다.

바이두(百度)회사 회장겸 수석집행관 리롄훙(李彦宏)

"중국의 꿈"에 대하여 나의 생각은 우리는 기준을 조금 낮게 책정하여 평범한 사람들도 이 꿈은 노력을 통하여 실현할 수 있다고 여기게 할 수 있게 하자는 것이다. 나 개인의 '중국의 꿈'은 바로 사람들이 더욱 편리하게 정보를 얻고 원하는 것을 구할 수 있게 하는 것이다.

작가, 학자 왕멍(王夢)

"세계대동" 이라는 최초의 "중국의 꿈"은 옛 사람들이 "성선론"에 대해 인정하고 온 세상 사람들이 형제 같이 지내게 되면 세계는 더욱 아름다워질 것이라는 것이었다, 그리고 지금까지도 중국인의 머리 속에는 모두 "세계대동"을 이루자는 "중국의 꿈"이 있다.

역사학자, 작가, 샤먼(厦門)대학 인문학원 교수 이종텐(易中天)

인류의 공통가치를 실현하는 제일 나쁘지 않은 방식과 수단을 찾는 것이 바로 나의 "중국의 꿈"이다.

화가, 서예가, 난카이대학 종신교수 판정(范曾)

중국문화는 넓고 심오하며 사회주의 핵심가치관과 "중국 정신"을 내포하고 있다. "중국의 꿈"의 정수는 국가부강, 민족부흥, 국민행복을 실현하는 것이고, 이는 사회주의 핵심가치관과 일치하는 관계에 있으며, 국가, 민족과 국민의 분투목표를 반영하고 있다.

중공중앙 간부학교 신문사 사장 겸 편집장, 교수

『역사의 자취: 중국공산당은 왜 가능한가?』편집장 셰췐타오(謝春濤) 개혁개방이래 많은 중국인은 자기의 꿈이 생겼다. 만약 집권당과 정부에서 개인의 꿈의 실현을 위하여 더욱 많고 더욱 좋은 기회를 제공해주면 국민들은 행복하고 국가와 민족도 더욱 발전하고 강성하게 될 것이다.

중앙방송국 뉴스평론가, 사회자 바이옌숭(白岩松)

내 마음의 "중국의 꿈"은 한 세대의 사람들이 앞사람이 넘어지면 뒷사람이 뒤를 이어 국가부강, 민족부흥을 추구하는 꿈이며, 천천히 국가가 어떻게 민중을 위하여 꿈을 실현할 수 있는 기회를 구축해 줄 것인가로 발전하는 것이다. 국가부강의 목적은 무엇인가? 국가부강의 목적은 개인, 모든 개인사업자가 더욱 존엄해지고, 더욱 행복하며,

더욱 평등하게 꿈을 실현하는 기회를 갖는 것이다. 나는 이것이 "중국의 꿈"의 뜻이라고 생각한다. 제일 간단한 한마디 말로 개괄하면 "중국의 꿈"은 한 나라가 한 가정처럼 되어 가는 과정이라고 하겠다.

TV프로그램 사회자, 양광(陽光)미디어그룹 이사회 주석 양란(楊瀾)

"중국의 꿈"은 국가가 모든 사람들에게 자기의 꿈을 실현하는 기회를 제공하여 젊은이들이 자기의 꿈을 실현할 수 있는 기회를 갖게 되고, 모든 사람들로 하여금 자신의 재능을 발휘하게 하는 것이다. 당신이 이른바 "체제"를 떠났을 때도 생존과 발전의 공간이 있다는 이것이 바로 국가의 진보이다.

'선저우 10호' 비행사 왕야핑(王亞平)

이번의 비행임무는 내가 어렸을 때 가졌던 두 개 꿈을 다 이루었다. 하나는 하늘을 나는 꿈이고, 하나는 교사가 되는 꿈이었다. 그것도 하늘과 땅 사이에서 강의를 하게 되었다. 전국 청소년 친구들이 모두 아름다운 인생의 꿈이 있기를 바라며, 꿈이 있으면 성공할 수 있다는 사실도 알았으면 한다.

농구스타, "야오기금" 발기인 야오밍(姚明)

모든 사람들은 본업에서 출발한 "중국의 꿈"이 있다. 나의 "중국의 꿈"은 체육이 다시 교육으로 돌아와 교육의 일부분이 되는 것이다.

배우 천따오밍(陳道明)

나의 "중국의 꿈"은 모든 중국인들이 마음이 평온하고 태도가 온화하며 모든 사람들이 좋은 사람이 되고 그가 좋아하고 하고 싶은 일을 하며 자기가치를 실현하여 다른 사람들의 이익이 손해 받지 않게 하는 것이며, 이 사회가 질서 있고 도덕적이며 사람과 사람 사이에 신뢰가 있게 되는 것이다. 모든 사람들은 정상적으로 건강한 환경에서 생활하고 자연스럽게 자기의 침대에서 늙어 죽는 것 그것이 내가 바라는 "중국의 꿈"이다.

가수 한훙(韓紅)

나의 마음속에 "중국의 꿈"은 국가가 부강하고 국민들이 평안하며 편안한 음식을 먹고 편안한 밥을 먹으며 편안한 우유를 마시는 것이고, 아이들이 모두 공부할 수 있고 거주할 집이 있는 것이다. 우리의 마음속에 이 모든 것이 우리와 점점 가까워지고 자신감이 커갈수록 "중국의 꿈"은 반드시 이루어질 것이다.

한국의 대통령 박근혜(朴槿惠)

중국의 강은 동쪽으로 흘러 바다로 들어가고, 한국의 강은 서쪽으로 흘러 바다로 들어간다. 중한 양국의 강물은 바다에서 합류하고, 중국과 한국의 꿈은 모두 사회가 조화롭고 국민이 행복한 것이다. 이는 마치 양국의 강물이 같은 바다에서 합류한 것처럼 "중국의 꿈"과 "한국 꿈"은 두 개가 하나 되어 동북아의 꿈으로 형성되는 것이다.

미국의 전 국무장관 헨리 키신저

"미국의 꿈"은 미국인이 개인 생존조건 개선에 대한 끊임없는 추구에서 기원되었고, 그들은 내일은 영원히 더 아름다울 것이라고 여겼다. 하지만 중국은 근 150~200년간 거대한 고난을 당했다. 그리하여 눈을 들어 앞을 보며 "중국의 꿈"을 제기하게 된 것은 매우 중요한 일이다. 비록 근원은 다르지만 두 개 꿈의 최종 상태는 일치할 것이며, 추구하는 것도 비슷하다. 더욱 평화롭고 발전하며 협력하는 세계다.

미국의 공화당 참의원 마크로

"중국의 꿈"과 "미국의 꿈"은 비슷한 점이 있지만, 또한 매우 다르다. 왜냐하면 국제체제상에서 이 두 개 "꿈"은 호환하기란 어려울 것이기 때문이다.

그리고 비록 어떠한 꿈이 최종적으로 성공한다 할지라도 전 세계에 미치는 영향은 크고 복잡할 것이다.

미국의 미래학자, 『중국 대 추세』 작가 존 비트

꿈의 중요한 구성부분으로 존중과 도의의 권위는 반드시 강화되어야 한다. 강대한 중국지도층 및 양호한 교육을 받은 많은 당원들은 천재일우의 기회를 이용하여 자기의 생각에 따라 '중국의 꿈'을 만들어갈 것이다.

미국의 중국문제전문가, 조지. 워싱턴대학 교수 선다웨이(沈大偉)

"중국의 꿈"은 시진핑 주석과 중국의 제5대 지도층들의 집권의 기본이념으로서 이것이 제시되자마자 국내외에서 많은 관심을 받았다. "중국의 꿈"은 줄곧 중국인의 마음속 깊이 있어 중국의 근대사는 물론 청나라 말기에도 모두 그의 그림자를 찾을 수가 있었다. 오늘 중국이 힘써 세계대국으로서의 지위와 영향을 다시 찾으려고 할 때, "중국의 꿈"은 중화민족의 동질감을 나타냈고, 세계인민에게 몇 세대 걸쳐 지니고 있던 중국의 숙원을 이해시키는데 큰 의의가 있다고 생각한다.

미국 신규펀드와 족보국제사무소 구성원 『제2세계』의 작가 카나

중국을 용광로라고 하기 보다는 중국을 한 그릇의 샐러드라고 하는 게 낫다. 외국인은 그중에 후추 알갱이와 같은 일부분일 뿐이다. 비록 그렇지만 외국인은 여전히 "중국의 꿈"을 실현하는데 필요한 일부로서의 작용은 할 것이다.

칠레의 중국주재대사 페르난도 레이야스

"중국의 꿈"은 세계 기타 나라의 미래에 직접적인 영향을 끼칠 것이다. 이 계획이 만약 이 지구상에 존재하는 각 나라와의 대화와 합작을 떠난다면, 아마도 실현할 수 없을 것이다. '중국의 꿈'은 또 국민의 거대한 열정을 불러일으킬 것이고, 이런 열정은 중국인민의 자체 노력을 불러일으킬 것이므로 더욱 진실하게 느끼게 될 것이다.

폴란드의 중국주재대사 치환우

중국정부가 제시한 대로 백성들이 모두 개혁개방의 성과를 누리게 되고, 나라가 강성해지고 국민의 부유함이 실현되며, 소강사회의 수준을 실현한다면, 이것은 "중국의 꿈"을 실현하는 기초가 될 것이다.

아랍연맹의 중국주재대사 모하메드

중국인에게는 줄곧 위대한 꿈이 있었다. 고대의 인쇄술, 제지술 및 화약 등의 발명에서부터 현대 중국이 세계를 향하여 제공한 과학기술 성과와 창의는 모두 중국인민과 세계인민의 생활을 더욱 아름답게 하였다. "중국의 꿈"은 나라의 안정과 평화를 실현하고, 인민의 행복을 도모하며, 동시에 중국은 적극적으로 전 세계의 평화를 촉진케 할 것이다.

바레인의 외교부 고문, 이집트의 중국주재대사 모하메드 쟈라

이는 중국이 미래를 포용하고 더욱 좋게 변화시키겠다는 꿈이다. 하지만 이 꿈을 실현하려면 지도층에게만 의지해서는 안 된다. 지도자는 지휘만 할 뿐이고, 인민의 힘에 의해 의지해야 하며, 또한 이렇게 하도록 노력해야 할 것이다. 아니면 꿈은 파멸될 수도 있다.

일본 홋카이도대학 매체연구원 교수 와타나베 코헤이(渡邊浩平)

중국은 현재 세계 두 번째 경제대국이 되었다. 이웃나라의 한 백성으로 "중국의 꿈"이 단지 중국에만 속하는 것이 아니라 주변나 라와도 함께 나눌 수 있기를 간절히 기대한다.

싱가포르 중국문제전문가 황차오한(黃朝翰), 황옌제(黃彦杰)

시진핑이 이끄는 새로운 중국의 지도층이 보기에 성장의 둔화는 경제성장의 질을 향상시키고 포용성 있는 성장을 실현하는 계기가 될 수 있다고 생각할 것이다. 경제성장의 둔화는 절대로 "중국의 꿈"을 실현하는 장애가 되지 않을 것이다. 반대로 느리지만 더욱 높은 질과 더욱 높은 포용성 있는 성장이야말로 비로소 "중국의 꿈"의 실현을 보장해 주는 것이다.

영국 케임브리지 대학교출판사 전 수석집행관 판스쉰(潘仕勳)

"중국의 꿈"과 "미국의 꿈"은 약간 다르다. 비록 양자의 꿈은 모두 개인의 이상과 포부를 실현하는 것과 연관이 되지만, "중국의 꿈"은 중국이 갈수록 세계에서 자신들의 지위를 향상시키려는 아름다운 희망을 진일보적으로 표현한 것이다. 시진핑 주석이 제기한 "중국의 꿈"에 대하여 나는 열렬하게 환영을 표한다. 그의 뜻은 중국지도층의 웅대한 뜻과 포부가 중국경제발전에만 쏠려 있는 관심을 초월했기 때문이다. 내가 보기에 "중국의 꿈"의 중요한 내용은 보통 중국인의 풍족한 생활을 추구하는 것이다. 이는 중국사회주의 철학의 핵심임에 의심할 바 없다. 시 주석의 꿈은 응당 많은 환영을 받아야 할 것이다.

2. 국내외매체의 '중국의 꿈'에 대한 평론

『인민일보』

"중국의 꿈"은 인민의 꿈이다. 인민은 "중국의 꿈"을 실현하는 근본적인 후원자다. 13억 인민이 한마음으로 "중국의 꿈"을 함께 건설하면 꿈을 실현하는 힘은 비교할 수 없이 강해질 것이다. 자신감을 가지고 이 길을 잘 걷고 마음을 합하고 힘을 합하면 13억 인의 지혜와 힘이 반드시 응집되어 절대 이길 수 없는 힘이 될 것이다.

『광명일보』

옛날부터 지금까지 중화민족은 줄곧 꿈을 추구하는 발걸음을 멈춘 적이 없다. 중화민족의 위대한 부흥의 꿈을 실현하려면 억만 인의 힘을 응집하고 억만 인의 열정을 불러일으키며 모든 사람들이 마음을 다하고 힘을 다하여 자기의 땀과 지혜를 바쳐야 한다.

『중국일보』

역사의 풍운 속에서 걸어온 "중국의 꿈"은 "강국의 꿈"일뿐만 아니라 "부민의 꿈"이며, 위대한 꿈일 뿐만 아니라 모든 사람들의 조그마한 행복이다. 우리의 시대에는 "올림픽의 꿈", "엑스포의 꿈", "달나라의 꿈"이 하나씩 모두 현실로 이루어지는 눈부신 일들만 있는 것이 아니라 "교육의 꿈", "주택의 꿈", "건강의 꿈" 등 굴절된 민생의 소망도 있다. "집은 제일 작은 나라며 국가는 천만 개의 집이다." 바로 국가의 꿈과 개인의 꿈을 유기적으로 결합하여 양자간 서로를 촉진시키는 바를 실현했기에, 우리는 비로소 꿈이 끊임없이 현실을 비추게 하고, 역사상 어떠한 시기보다 더욱 부흥의 꿈과 가까운 새로운 기점에 도달하고 있는 것이다.

『유럽시보(時報)』

"중국의 꿈"의 내용은 멀고도 현실적이며, 무겁고도 가벼우며, 심오하면서도 소박하다. 그것은 국내외 전체 중화의 아들딸들이 추구하는 목표일뿐만 아니라 모든 개개인의 구체적인 소망이기도 하다. 그것은 이루는 날의 영광이며, 또한 걸어가고 있는 길에서의 고난이다. 어떠한 꿈도 모두 힘써 실천해야 하고 포기하지 말아야 하며 어려움을 극복해야만 이룰 수 있는 것이다.

미국의 『타임』 주간지

중국은 여러 세기에 걸쳐 깊은 잠을 잔 후 그들의 가치관으로써 우리 이 시대의 역사를 쓰고 있다. 만약 "중국의 꿈"이 정말로 이루어진다면 본 세기는 중국의 것이 될 것이다. 하지만 중국의 굴기도 사람들을 불안하게 하는 사실들이 뒤따르고 있다. 중국은 대외관계를 처리하는데 있어서 뒷다리를 잡고 방해하고 있으며,

국제적 업무에서 경제실력과 상응하는 만큼의 리더십을 발휘하지 못하고 있다. 동시에 30년에 걸친 중국경제의 쾌속성장도 좋지 않은 면인 공기오염, 토양오염, 수질오염을 드러내오 민중의 불안을 불러일으켰다.

미국의 『워싱턴포스트지』

시진핑이 공개적으로 중화민족의 위대한 부흥을 실현하겠다는 약속은 언론 매체의 칭찬을 받았다. 하지만 분석가들은 그가 이야기하는 "부흥"의 진정한 의미를 부석하였는데, 즉 "중국의 꿈"은 "미국의 꿈"과 마찬가지로 번영을 의미하기도 하지만, 지난 30년처럼 계속 중국인을 가난에서 중산계급으로 이끌 수 있을 것인지? 반부패투쟁을 진행하여 갈수록 커져가는 빈부격차에 대응할 수 있을 것인지? 또는 업무중점이 중국의 영향력을 향상시켜 해외에 세력을 확장시킬 것인지? 등 이 세 가지 상황의 가능성은 모두 존재하고 있음을 알아야 한다.

미국 『뉴욕타임지』

"중국의 꿈"은 바로 "두 개의 백년"이라는 목표를 완성하는 것이며, 강성한 중국, 문명한 중국, 아름다운 중국을 건설하는 것이다.

미국 『허핑턴 포스트(Huffington Post)』 사이트

"중국의 꿈"은 3장의 연결되는 그림으로 나타냈다. 현대중국, 글로벌중국, 문명중국이 그것이다.

미국의 제임스타운 펀드 사이트

중국 측의 두 가지 상징성 이념인 "중국의 꿈"과 "신형 대국관계"는 중국이 중국특색의 사회주의를 위하여 국제공간을 개척하는 노력을 반영하고 있다.

러시아 통신사 -이타르 타스

시진핑이 제기한 "중국의 꿈"은 중화민족을 단결시키는 주요 선율이 될 것이다.

러시아의 『신보(晨報)』

중국은 다시 한 번 시대도전과 확정된 임무에 따라 개혁을 할 수 있음을 증명하기 위해 준비하고 있다. 이 개혁은 "중국의 꿈"의 구호 아래 진행될 것이다. "중국의 꿈"은 매우 실질적이다. 바로 생활수준을 향상시키는 것이다. 중국인은 진심으로 이런 꿈을 찬성한다.

아르헨티나의 『민족보』

　"중국의 꿈"은 중국인을 겨냥한 것이며, 중국민중을 향하여 그들 정부가 반드시 약속을 지킬 것이라는 믿음을 주기 위한 목적을 가지고 있다. 현재의 중국은 모든 사람들이 동경하는 나라다. 더욱 중요한 것은 "중국의 꿈"은 모든 사람들이 이를 위하여 분투하는 목표이고, 그 때문에 애국주의 정서가 이 안에 포함되어 있기에, 이는 "단체의 꿈"이라 할 수 있지 개인의 목표는 아닌 것이다.

영국의 『경제학자』

　"중국의 꿈"의 개념에 대해 말한다면, 중국공산당이 거대한 경제적 성취를 이룩하여 민심을 얻으려고 노력하고 있다는 것을 나타낸 것이다.

스위스의 『매일도보(每日導報)』

　"미국의 꿈"과 비교했을 때 중국인의 꿈은 더욱 현실적이다.

스페인의 중국정책관찰사이트

　땅이 넓고 인구가 많은 중국이 21세기의 강국이 되려고 결심하였다. 이는 바로 미국을 초월하여 세계의 첫 번째 경제대국이 되려는 것이다. "중국의 꿈"을 실현하려면 융통성 있고 신중한 외교가 필요하며, 나아가 국가발전에 필요한 경제와 에너지를 보장해야 하것이다.

호주의 『시드니모닝 헤럴드』

"중국의 꿈"은 세계의 기회이면서도 위험이다. 일본의 『산케이신문(産經新聞)』

"중국의 꿈"이 바다 저편에 있는 미국이 창도하고 있는 "미국의 꿈"과 제일 다른 점은 강렬한 민족주의적 색채를 띠고 있다는 점이다.

싱가포르의 『연합조보』

중공중앙 시진핑 총서기가 제기한 "중국의 꿈"은 중국에게 중요한 영향을 끼칠 뿐만 아니라 "중국의 꿈"은 중국에만 속한 것이 아니며 세계에도 속한 것이다. 바로 "중국의 꿈"이 세계의 발전에 기회를 제공하고 세계는 중국과 같은 이런 세계대국과 함께 발전하는 것이다. "중국의 꿈"은 세계미래에 대하여 가늠할 수 없는 큰 작용을 할 것이다.

싱가포르의 『해협시보(海峽時報)』

일부 사람들은 "미국의 꿈"과 "중국의 꿈"이 동일한 목표를 가지고 있다고 여긴다. 즉 번영하는 나라를 건설하고 개인적으로 성공을 하는 것이다. 하지만 사실상 쌍방이 같은 목표에 도달하는 방식은 현저한 차이가 있다.

『인도타임지』 사이트

"중국의 꿈"의 제창은 "미국의 꿈"과 비슷하다. 그것은
중국지도자들이 중국인의 나눔 기회와 번영에 대하여 갈수록
강렬해지는 소망을 실현할 수 있기를 희망한다는 것을 나타낸다.

(Endnotes)